Une
spiritualité
laïque
au quotidien

Neuf voies d'accès au spirituel

Catalogage avant publication de Bibliothèque et Archives nationales du Québec et Bibliothèque et Archives Canada

Grand'Maison, Jacques, 1931-
    Une spiritualité laïque au quotidien
    ISBN 978-2-89646-606-1
    1. Laïcité. 2. Spiritualité. I. Titre.

BL2747.8.G72 2013   211'.6   C2013-942191-2

Dépôt légal – Bibliothèque et Archives nationales du Québec, 2013
Bibliothèque et Archives Canada, 2013

Révision : Paul-André Giguère
Mise en pages et couverture : Mardigrafe inc.
Photo de la couverture : © shutterstock.com

Nous reconnaissons l'aide financière du gouvernement du Canada par l'entremise du Fonds du livre du Canada (FLC) pour des activités de développement de notre entreprise.

 Conseil des Arts Canada Council
du Canada for the Arts

Cet ouvrage a été publié avec le soutien de la SODEC. Gouvernement du Québec – Programme de crédit d'impôt pour l'édition de livres – Gestion SODEC.

 4475, rue Frontenac, Montréal (Québec) H2H 2S2
C.P. 990, succursale Delorimier, Montréal (Québec) H2H 2T1
Téléphone : 514 278-3025 ou 1 800 668-2547
NOVALIS sac@novalis.ca • novalis.ca

Imprimé au Canada

Diffusion pour la France et l'Europe francophone :
Les Éditions du Cerf
24, rue des Tanneries
75013 Paris
editionsducerf.fr

Offert en version numérique
» 978-2-89646-653-5
numérique novalis.ca

JACQUES
GRAND'MAISON

Une
spiritualité
laïque
au quotidien

Neuf voies d'accès au spirituel

Postface de Lucia Ferretti

NOVALIS

AVANT-PROPOS

J'ai conçu ce livre comme un livre de chevet. À la différence de plusieurs essais qu'on trouve en librairie, il ne développe pas une idée ou une thèse, avec une introduction, une problématique, un développement soutenu par des arguments et une conclusion. Il n'est pas linéaire. Je veux d'abord expliciter les raisons de cette option qui comporte deux paris.

1. Aujourd'hui, la pensée, la lecture, le cinéma et la télévision, tout comme le quotidien de chacun, ne sont plus linéaires. On n'en est plus à la transmission d'une unique tradition conçue comme la reproduction des mêmes us et coutumes, des mêmes repères et comportements de base, des mêmes façons de penser et d'agir. Il y a plus de liberté, d'autodétermination et de possibilité de questionnement critique. Voilà qui ouvre le désir et la volonté de chercher et de tracer ses propres chemins de vie, de sens et de spiritualité. Dans cette foulée, chacun peut développer sa capacité de penser et repenser sa vie, et de lui donner un sens. Pour ce

faire, plusieurs ont le goût de creuser leurs profondeurs inté-rieures en faisant le pari d'y trouver, comme au fond d'un puits, d'incessantes nouvelles sources. Boire à son propre puits, quoi !

Un livre de chevet met à la disposition du lecteur une diversité de matériaux et est rédigé dans des styles différents. J'aimerais qu'on accueille celui-ci comme le compagnon de l'aventure spiri-tuelle de chacun. Il propose neuf voies d'accès au spirituel pour vivre pleinement sa propre spiritualité : à chacun d'entrer dans le livre par où il se sent attiré.

2. Mon deuxième pari est d'ordre pédagogique. Le vieil éducateur que je suis a noté au cours de son long périple une certaine évolu-tion des façons de lire. Me vient à l'esprit une métaphore de l'écri-vain André Gide. Je le cite de mémoire : « Pendant un certain temps les abeilles butinent, puis après elles se font thésauriseuses. » C'est ainsi que beaucoup abordent un livre de réflexion. Cela n'est en rien signe d'un esprit éclaté. Toujours en relation avec le livre de chevet, le lecteur peut choisir des pages qui correspondent à ses besoins, ses désirs, ses goûts ou aux questions existentielles qui surgissent de sa vie quotidienne, de tel ou tel souvenir, d'un projet à mûrir ou d'un problème à mieux comprendre. Cette démarche de lecture n'a pas grand-chose d'instrumental ou de fonctionnel. Elle est gratuité, accueil, plaisir et, bien sûr, inspiration. Le livre de chevet donne à penser, mais il laisse aussi le lecteur lui échapper dans un merveilleux et silencieux entrelacs de bouts de lecture. Contrairement au flot d'images de la télé du soir qui s'imposent au point de saturer l'espace intérieur qui permet-trait de faire respirer sa propre vie, sa pensée, son intériorité, ses précieux silences et leurs fonds spirituels, le livre de chevet que

je propose invite à l'écoute et au dialogue entre le lecteur et les nombreuses personnes dont les diverses expériences spirituelles jalonnent le chemin de cet écrit.

J'ai beaucoup pensé, en l'écrivant, aux gens de ma génération du grand âge, chrétiens pour la plupart, que j'ai souvent entendus dire : « On a manqué notre coup dans la transmission de notre héritage religieux et de notre foi chrétienne. Nos enfants et nos petits enfants n'ont pas l'esprit religieux. » Dans ce livre, je montre comment s'ils ne sont peut-être pas chrétiens ou religieux, les esprits laïcs, séculiers, des générations qui nous suivent ont leur « propre spirituel » et que ce spirituel est authentique. Cet état de fait concerne d'ailleurs plusieurs personnes de ma génération qui ont, elles aussi, opéré des ruptures avec l'héritage de la chrétienté d'hier. Et puis, il y a le nombre croissant de gens de chez nous qui se disent agnostiques ou athées. Eux aussi peuvent être porteurs d'une véritable spiritualité.

Je m'adresse ici d'abord et avant tout à des chrétiens. J'aimerais leur faire mieux apprécier le fait que oui, ces derniers temps, la référence au spirituel est devenue un lieu de sens pour un nombre croissant de contemporains de toute appartenance. Un lieu pour redonner de l'âme, de la foi et de l'espérance à leurs nouvelles responsabilités historiques. Un lieu aussi de convergence des tâches les plus matérielles et des tâches les plus spirituelles. Enfin, un lieu d'une intériorité inspirante pour mieux vivre et agir.

J'ai pensé qu'il serait utile de me faire l'écho de cette riche diversité spirituelle et d'en révéler les multiples visages et surtout les expériences inestimables.

Dans mon dernier livre *Société laïque et christianisme*, j'ai tenté de montrer qu'il y a, entre la laïcité et le christianisme, une parenté historique, culturelle et spirituelle, tout en soulignant leurs discordances. Je poursuis dans ce nouvel ouvrage l'exploration d'une base humaniste et spirituelle commune en mettant davantage l'accent sur la dimension personnelle.

Tout essai est marqué subjectivement d'une parole singulière. Personnellement, je suis à l'aise aussi bien avec la spiritualité sans Dieu de mes compagnons de route qu'avec la mienne. C'est cette rencontre, ce dialogue espéré, cet enrichissement mutuel que je veux explorer.

Depuis deux siècles, au-delà des procès légitimes que des esprits laïcs ont pu engager contre l'Église, il y a eu plus ou moins souterrainement des influences mutuelles entre l'esprit laïc et l'esprit religieux. Je pense que nous, chrétiens, avons beaucoup reçu de la sécularisation comme facteur de libération des carcans dogmatiques et moralistes de la chrétienté cléricale. Dans mon itinéraire personnel, mes collègues ou amis agnostiques ou athées m'ont amené à démystifier mes fausses conceptions de Dieu et mes évidences intellectuelles sur les preuves de son existence. Ma foi convaincue tient maintenant à une plausibilité. Cette posture me permet de reconnaître une même plausibilité aux profondeurs spirituelles de mes compagnons dont j'ai parlé plus haut.

Il n'en reste pas moins que nous, chrétiens, avons à repenser bien des éléments de notre héritage religieux ainsi que de nos rapports à la tradition et à la modernité, alors que nos Églises doivent trouver à s'inscrire dans un contexte de plus en plus laïc.

Se pourrait-il que ce qui arrive soit une grâce historique ← inattendue ?

INTRODUCTION

J'aimerais qu'on voie ce livre comme un témoignage de reconnaissance envers tant de femmes et d'hommes dont ma route
a croisé la leur. Ces rencontres venaient souvent d'appels fortuits
de la vie, comme on le voit souvent dans l'Évangile, mais aussi,
d'une façon plus suivie, de projets et d'engagements altruistes,
tantôt sur le terrain séculier (profane), tantôt sur le terrain religieux. Je parle de reconnaissance au sens de gratitude pour ce que
j'ai reçu d'elles, d'eux, mais surtout reconnaissance de la richesse
de leur expérience et, en particulier, de leur quête spirituelle.
Je parlerai aussi, bien sûr, de ma propre expérience, en cherchant
à éviter une quelconque apologie narcissique. On pourra lire aussi

des réflexions sur l'évolution de l'Église[1] et de la société, sur les rapports entre la culture chrétienne et la culture moderne, sur la spiritualité et la mystique.

Ma démarche privilégiera souvent le langage symbolique et la concrétude du récit, comme dans la Bible et les Évangiles. À tort ou à raison, j'estime que plusieurs productions théologiques ont trop souvent négligé ces deux types de langage qui mettent davantage à profit la riche gamme des sens qui font vivre, penser, agir, aimer et lutter, qu'il s'agisse de notre condition humaine en général ou de l'expérience religieuse en particulier. Cela dit, je ne veux en rien céder à une posture anti-intellectuelle qui a souvent eu cours chez nous et qui a eu un impact particulièrement grave dans l'Église d'ici, désertée massivement par les gens les plus instruits.

Dans ce livre, je n'aborde pas la dimension politique de la société. Cela a été l'objet du livre précédent. Je tiens quand même à souligner que le christianisme devrait être à l'aise avec la séparation de l'Église et de l'État et avec la neutralité de ce dernier et de ses institutions. Une laïcité porteuse d'une base éthique commune s'impose à tous.

---

1. Quand j'écris « l'Église » dans ce livre, je pense à mon Église, l'Église catholique, qui a été et demeure la référence religieuse la plus importante au Québec. Mais en réalité, mon propos concerne tous les chrétiens, tous les disciples de Jésus qui se réfèrent à l'Évangile, quelle que soit leur appartenance confessionnelle.

Mais je m'étonne que dans les débats actuels, on ne parle pas de l'exigence démocratique de n'exclure personne ni aucun groupe de la société. Exclure les groupes religieux de la société civile, c'est paver le chemin à l'intégrisme. Et cela concerne tout autre groupe qu'on exclurait. L'espace public doit être celui de tous.

Une spiritualité laïque au quotidien

D'abord, un mot sur le sens de spirituel, puis sur celui de « laïque ».

1. Le *spirituel*, c'est ce qui vient du plus profond de soi et qui, en même temps, nous dépasse. Risquerai-je la formule « d'en-deçà de soi et d'au-delà de soi » ? Le spirituel, c'est ce qui donne profondeur à notre vie, à nos expériences humaines, à nos convictions et croyances, à nos amours, à notre foi en nous-mêmes, aux autres, à l'avenir – et à Dieu pour ceux qui y croient.

Ne semble-t-il pas que si la référence religieuse recule, la référence spirituelle reste présente ? Cela s'explique par le fait qu'aujourd'hui, plus que jamais, on est continuellement incité à se projeter en dehors de soi, pour n'habiter que la surface. Il en résulte un sentiment souvent diffus, parfois aigu, de vide intérieur. Plusieurs (re)découvrent alors l'importance du spirituel pour se donner des racines intérieures, pour s'habiter, pour aller chercher le meilleur d'eux-mêmes. Il en va de la recherche du spirituel comme du creusage du puits artésien qui sait repérer et harnacher les veines cachées de la terre afin d'étancher nos soifs et de répondre à nos besoins quotidiens, et cela d'une façon inépuisable.

Le passage récent de la référence religieuse à la référence « spiri-tuelle » me semble venir aussi de la sécularisation, du fait que nos sociétés modernes ne sont plus sacrales comme celles qui nous ont précédés dans la longue histoire humaine. Séculier veut dire dans le monde, avec le monde, pour le monde. Autrefois, on évoquait plutôt le vocable profane, « ce qui est devant le temple », hors du temple. Le spirituel dont je parle est un spirituel incarné, et ses appels viennent de la vie au quotidien. La majorité des enjeux cruciaux d'aujourd'hui, y compris les crises morales, sous-tendent chacun une dramatique spirituelle, si bien qu'à juste titre, l'ésoté-risme commence à être perçu comme aliénation de la vie réelle.

Tout cela incite à renforcer mutuellement l'intériorité et l'engage-ment. Ce souci « séculier » traversera ce livre de part en part.

2. Une spiritualité *laïque*. Dans cet ouvrage, on retrouvera, en dialogue, les deux sens suivants.

Il y a d'abord la spiritualité des personnes qui poursuivent leur recherche de sens sans aucune référence religieuse. Je chercherai à montrer comment dans les rapports avec la nature, aux valeurs, au silence, à la conscience, etc., il y a de précieux chemins pour permettre à tous d'être partie prenante d'un nouvel humanisme spirituel, avec ce pari qu'un fond mystique émerge dans l'âme contemporaine. Mais je retiens surtout ce que j'appelle le « spiri-tuel au quotidien ».

À ce niveau très existentiel, j'ai en tête, entre autres choses, de rejoindre mes frères chrétiens de ma génération qui s'in-quiètent de n'avoir apparemment pas réussi à transmettre leur foi chrétienne à leurs enfants et petits-enfants. Plusieurs de ces derniers vivent des valeurs humaines et spirituelles inestimables en soi, et pour certaines, en profonde affinité avec le côté profondément humaniste de Jésus de Nazareth. J'ai même connu des aînés chrétiens qui ont tiré de leurs enfants une foi chrétienne plus laïque, en affinité avec la culture moderne. Cette dernière remarque introduit très bien le deuxième sens de la référence laïque.

Dans l'Église catholique, on appelle « clercs » les personnes ordonnées au service ministériel, et « religieux » celles qui se sont engagées à vivre en communauté dans la pratique de la pauvreté, de la chasteté et de l'obéissance. Ces personnes ne sont pas des « laïques ». Ceux-ci sont tous les autres, soit l'immense majorité, qui sont les baptisés « séculiers » qui vivent immergés dans le monde qu'on appelait jadis « profane ». Pendant des siècles, et cela inclut les trois premiers siècles et demi du catholicisme québécois, la chrétienté a été cléricale. Sa référence principale était le clergé et, dans une moindre mesure, les religieux, qui avaient tous « la vocation », comme on disait alors. Pour cette raison, la spiritualité proposée aux laïques a été une sorte de succédané de la spiritualité monastique et religieuse faite de pratiques comme la fréquentation des sacrements, les lectures spirituelles, l'oraison, éventuellement les différentes dévotions, etc.

Dans ma jeunesse, j'ai vécu le passage de cette chrétienté cléricale vers l'amorce d'une Église où les laïques seraient plus autonomes. À cette époque, je faisais partie des mouvements d'Action catholique où se développaient une sensibilité, une conscience, un esprit laïcs qui se démarquaient du « tout religieux » enroulé sur

lui-même qui s'imposait entièrement à la vie collective et personnelle. Notre spiritualité était du même ordre. En Action catholique,
c'est à partir de notre socle laïc que nous cherchions à nous libérer
du carcan clérical et religieux et à nous donner une spiritualité.
Nous opposions une autre pensée chrétienne, une spiritualité des
réalités terrestres, que j'appelle ici une spiritualité du quotidien
et au quotidien, celle d'un laïcat identifiable comme tel et surtout
d'un primat de la conscience et de son discernement spirituel.

Certains critiques d'aujourd'hui dans l'Église remettent en
cause la différenciation clercs-laïques. Nous serions tous plutôt
et uniquement des baptisés. Ils ajoutent que la différence entre
le sacré et le profane est dépassée. Une telle position bloque
l'intelligence du passage historique du christianisme d'ici où le
« profane » spécifique était noyé dans le tout religieux, dans les
eaux de l'Église mère.

Un des lieux laïcs spécifiques est bien celui de la parentalité. Les
parents chrétiens y trouvent leur terrain propre d'expérience,
de sujet humain entier, responsable, libre, interprète et décideur.
Autant de valeurs devenues majeures dans le monde moderne.
Quand, en 1968, l'institution ecclésiale a refusé de reconnaître
ce primat du discernement spirituel des laïcs mariés et parents
à propos de la parentalité responsable et des moyens artificiels de contraception, l'effet a été dévastateur. Ce fut une des
causes principales, je dirais la plus importante, de la désertion
massive de la majorité des catholiques des pays développés. Ce
drame déborde la question de la morale conjugale. Il s'agit d'un

aveuglement ecclésial face aux requêtes d'une condition laïque chrétienne, qui est un des traits les plus marquants du christianisme du XXe siècle.

Dire, comme certains théologiens ou pasteurs, que la distinction clercs-laïques est dépassée ou que la référence laïque est secondaire, c'est passer tout autant à côté de la situation de l'Église actuelle que de celle de notre société de plus en plus laïque.

Ceci dit, je me suis rendu compte durant l'écriture de ce livre qu'il serait difficile pour le lecteur de distinguer toujours clairement quand je parle de « laïc » pour désigner l'humaniste non religieux, agnostique ou athée et quand je parle de « laïque » au sens des chrétiens et chrétiennes qui ne sont ni clercs, ni religieux au sein de l'Église. Pour cette raison, je parlerai généralement des « humanistes » à propos des premiers et des « croyants » pour désigner les seconds, tout en restant convaincu que les humanistes croient en quelque chose et que les croyants devraient, bien sûr, être humanistes. J'espère que les lecteurs se familiariseront rapidement avec cette distinction et qu'elle restera claire dans leur esprit jusqu'à la fin de la lecture.

Ce que ce livre peut apporter d'original, ce sont des possibilités de convergences spirituelles entre les deux sens du mot « laïc » que je viens d'évoquer. Dans l'histoire occidentale, ces deux courants laïques n'ont cessé de dialoguer, de se confronter, de s'inter-influencer. On le verra, par exemple, en prenant connaissance des réflexions sur la spiritualité d'André Comte-Sponville et de Luc Ferry, tous deux athées.

Je pense que plusieurs changements historiques et défis actuels incitent le christianisme à de profondes réinterprétations critiques de lui-même jusque dans ses sources bibliques et évangéliques. Par exemple, les enjeux environnementaux qui menacent la survie même de l'humanité invitent à redonner aux mystères de la création et de l'incarnation une importance nouvelle susceptible de projeter une lumière originale aussi bien sur la révélation que sur la condition humaine. Je dis réinterprétation critique du fait que depuis quatre siècles, aussi bien en catholicisme qu'en protestantisme, on a trop pensé le salut à partir du péché originel, au point de véhiculer souterrainement une conception très négative et pessimiste de la condition humaine – comme si face à la dramatique indéniable du mal, on sous-estimait le vis-à-vis plus fort que sont les mains amoureuses de Dieu (la grâce originelle) et aussi la portée de cette révélation : « Et Dieu vit que cela était bon. » Le concile Vatican II a opéré un heureux déplacement vers l'être humain créé à l'image et à la ressemblance de Dieu, capable d'alliance avec Lui, alliance offerte gracieusement à sa liberté.

Bien sûr, les croyants de la Bible ont pensé longtemps que la terre était comme un radeau toujours menacé de virer à l'envers. Ils entretenaient un rapport de nécessité avec un Dieu qui le maintiendrait à flot. Puis, les croyants ont vécu un tournant majeur lorsqu'ils se sont rendu compte que le monde se tenait par lui-même et que l'être humain était un sujet entier, conscient, libre, responsable, interprète, décideur, debout dans la vie et dans la foi, et capable d'engager sa propre histoire. Bref, ils ont découvert, ou redécouvert, un Dieu qui, en son envoyé, Jésus de Nazareth fait Christ et Seigneur, s'aventurait compagnon de notre propre aventure. Cette interprétation met en cause tout système religieux figé, tout défini à l'avance : le dogmatisme, le déni de la conscience libre, le moralisme manichéen, le pouvoir religieux absolu.

Mais il y a un autre vis-à-vis critique, à savoir le phénomène historique récent d'un nombre croissant de contemporains qui veulent aller au bout de leur humanité sans religion et sans Dieu tout en étant en prise sur des profondeurs morales et spirituelles de grande qualité.

Dans ma vie, ma route a souvent croisé celle d'agnostiques et d'athées qui étaient de très beaux et bons êtres humains. Ils m'ont parfois amené à me libérer de mes fausses images et conceptions de Dieu. Certains m'ont même conduit à dépasser mes propres critiques de mon passé chrétien, si bien que j'ai fini par penser que leur posture pouvait être aussi plausible que la mienne. C'est ce que fait très bien l'ouvrage du philosophe athée, André Comte-Sponville, *L'esprit de l'athéisme*. L'auteur y déploie un humanisme et une spiritualité sans Dieu. Voyons un extrait de son avant-propos.

> Le retour de la religion a pris, ces dernières années, une dimension spectaculaire, parfois inquiétante. On pense d'abord aux pays musulmans. Mais tout indique que l'Occident, dans des formes certes diffé-rentes, n'est pas à l'abri du phénomène. Retour de la spiritualité ? On ne pourrait que s'en féliciter. Retour de la foi ? Ce ne serait pas un problème. Mais si le dogmatisme revient avec, trop souvent,

et l'obscurantisme, et l'intégrisme, et le fanatisme parfois, on aurait tort de leur abandonner le terrain. Le combat pour les Lumières continue, il a rarement été aussi urgent, et c'est un combat pour la liberté.

Un combat contre la religion ? Ce serait se tromper d'adversaire. Mais pour la tolérance, pour la laïcité, pour la liberté de croyance et d'incroyance. L'esprit n'appartient à personne. La liberté non plus.

J'ai été élevé dans le christianisme. Je n'en garde ni amertume ni colère, bien au contraire. Je dois à cette religion, donc aussi à cette Église (en l'occurrence la catholique), une part essentielle de ce que je suis, ou de ce que j'essaie d'être. Ma morale, depuis mes années pieuses, n'a guère changé. Ma sensibilité non plus. Même ma façon d'être athée reste marquée par cette foi de mon enfance et de mon adolescence. Pourquoi devrais-je en avoir honte ? Pourquoi devrais-je, même, m'en étonner ? C'est mon histoire, ou plutôt c'est la nôtre. Que serait l'Occident sans le christianisme ? Que serait le monde sans ses dieux ? Être athée, ce n'est pas une raison pour être amnésique. L'humanité est une : la religion en fait partie, l'irréligion aussi, et ni l'une ni l'autre n'y suffisent[2].

---

2. COMTE-SPONVILLE, A. *L'esprit de l'athéisme*, Paris, Albin Michel, 2006, p. 9-10.

Et l'auteur ajoute : « Force nous est de constater qu'on ne connaît pas de grande civilisation sans mythes, sans rites, sans sacré, sans croyances en certaines forces invisibles ou surnaturelles, bref, sans religion » (p. 24).

Comte-Sponville est loin d'un certain athéisme de salon culturellement ignare des trésors spécifiquement amassés par l'âme humaine religieuse tout au long de l'histoire.

Cela dit, je me permets de rappeler que dans *Société laïque et christianisme*, j'ai montré qu'il y a entre les deux des filiations communes et des accointances dans l'histoire occidentale[3].

Voilà qui invite à ne pas céder aux oppositions simplistes. Cette parenté avec nous, chrétiens, est bien marquée dans la pensée de Comte-Sponville, particulièrement au chapitre de la spiritualité. Il fait sien ce propos que Spinoza appelle l'Esprit du Christ : « La justice et la charité sont toute la loi et il n'est d'autre sagesse que d'aimer, ni d'autre vertu, pour un esprit libre, de bien faire et se tenir en joie[4]. » Faudrait-il pour être athée, dit-il, ne pas percevoir la grandeur de ce message là ?

---

3. Face aux nouvelles formes de religiosité, face aux aliénations ésotériques hors du réel, face aux intégrismes religieux ou laïque, Comte-Sponville aime mieux approfondir la tradition qui est la nôtre – celle de Socrate, celle de Jésus, celle aussi d'Épicure et de Spinoza, de Montaigne et de Kant, et « voir, puisque tel est mon chemin, où elle peut conduire un athée. C'est ce qui m'autorise à m'adresser plus particulièrement aux chrétiens (c'est ma famille, puisqu'elle l'a été, c'est mon histoire puisqu'elle continue [...] une grande partie des Évangiles continue de valoir). À la limite presque tout m'y apparaît vrai, sauf le Bon Dieu » (p. 74-75).

4. *Ibid.*, p. 44.

Avec finesse, Comte-Sponville souligne que croyants et incroyants ne sont ici séparés que par ce que nous ignorons. Bien sûr, cela n'annule pas nos désaccords, mais en relativise la portée. Selon lui, on peut se passer de religion, mais pas de communion, ni de fidélité, ni d'amour. Paix à tous, croyants et incroyants !

On peut évoquer ici le Bon Samaritain dans l'Évangile. Il n'est pas juif, il n'est pas chrétien. On ne sait rien de sa foi, ni de son rapport à la mort. Simplement, il est le prochain de son prochain. Il fait preuve de compassion ou de charité. Et c'est lui, non un personnage religieux, prêtre ou lévite, que Jésus donne expressément en modèle. C'est sur ce terrain laïque que nous, chrétiens, pouvons faire un sacré bon bout de chemin avec des gens non religieux. Je vis cela depuis un bon moment. Sans cet ancrage laïc, les gens d'Église et l'Église elle-même se constituent inconsciemment en secte religieuse, hors du pays réel.

Il m'arrive de penser que la santé de l'Église, c'est le monde. Elle doit apprendre à aller rejoindre l'Esprit Saint qui l'y précède et y est à l'œuvre. Dans l'histoire, à chaque fois que l'Église s'est enroulée sur elle-même, l'Esprit du Christ a émigré dans les nouvelles conditions de vie. D'où ma visée d'une spiritualité au quotidien dans la mouvance du monde réel.

Ce livre offre à la réflexion neuf voies d'accès au spirituel, praticables aussi bien par les esprits séculiers que par les esprits religieux. Sur ces voies, tous peuvent marcher ensemble en dialogue, en fraternité humaine et en solidarité. Si certaines d'entre elles sont décrites d'une manière plutôt réflexive, je recours pour d'autres davantage à la sensibilité et à l'émotion : il y est question d'âme, de saisons, d'eau, de puits et de jardin, et la parole s'y fait image, symbole et poésie. Ailleurs, la parole est largement celle d'autres personnes : ce sont des textes où quelqu'un d'autre dit ou illustre mon propos mieux que je pourrais le faire, ou encore où le témoignage personnel se fait irremplaçable.

Ce sera à chacun de vous lectrice, lecteur, d'écrire ensuite votre propre page.

I

LA VOIE DE LA NATURE

Plusieurs de mes paroissiens pratiquent la pêche et la chasse dans les montagnes et les lacs des Laurentides. Ils me racontent comment, dans le silence et la beauté des aubes et des crépuscules, en forêt, ils sentent quasi physiquement la présence chaleureuse de Dieu. Les urbains d'aujourd'hui de leur côté valorisent les loisirs en pleine nature et certains y cherchent une intériorité pour leur âme, pour leur fibre religieuse qui est loin d'être morte.

Depuis que le monde est monde, la nature a été le premier lieu de l'expérience spirituelle et religieuse. Les phénomènes grandioses comme les couchers de soleil et terribles comme le tonnerre ou les tremblements de terre, les cycles de la fécondité et des naissances tout comme ceux des astres, les réalités impalpables que sont les nuages ou le vent, ont suscité admiration et effroi et nourri le sentiment de transcendance dans la conscience qu'il existe des réalités qui nous dépassent, plus grandes que soi.

Si le développement scientifique a démystifié la plupart des phénomènes naturels, la conscience de l'harmonie, de la beauté, de l'immensité demeure vive. Plus la science avance et découvre de nouveaux espaces immenses, plus on se sent petit, si peu que rien. Tout au plus un peu de poussière, fût-elle d'étoiles. Cela me suggère une double image : celle du grain de sable d'où vient la perle dans l'huître, et celle du petit coquillage qui meurt sur la plage et va bientôt offrir à l'oreille tout le chant de la mer et de l'univers. Rencontres de l'infiniment grand avec l'infiniment petit. N'est-ce pas là un symbole de nos rapports intimes avec Dieu, de notre vie avec sa vie éternelle, de la résurrection de Jésus de Nazareth et de la nôtre ?

J'ai vécu un jour un rude débat avec un savant théologien qui nous disait : « Le Dieu des chrétiens en est un du temps et de l'histoire. Le Dieu de la nature en est un des païens. » Et il est vrai que la Loi et les Prophètes ne cessent de mettre en garde contre les idoles qui, comme Baal, étaient autant de divinisations des forces qui traversent la nature. Mais je lui ai dit : « La Bible et les Évangiles ont aussi massivement utilisé les mille et un symboles de la nature pour exprimer la Révélation de Dieu et la foi des croyants : le feu, le rocher, la nuée, le soleil. » Comment donc ne pas voir dans la nature une première voie d'accès au spirituel tant pour les esprits laïcs que pour les croyants ?

Le choc spirituel de la nature menacée

Depuis un bon moment, surtout en Occident, on établit une équation entre la modernité et le désenchantement du monde. Mais dans le contexte d'aujourd'hui, seuls quelques intellectuels philosophes sont enchantés de ce désenchantement du monde. Comme si la nature, le sacré, la religion, la croyance étaient entièrement livrés à l'irrationalité et à l'esprit magique ! Ne commettons-nous pas la même méprise que lorsqu'on a pensé que la sécularisation allait effacer la religion ?

En réalité, les bouleversements du climat, la pollution sous toutes ses formes et la très grave menace aux assises de la vie commencent à nous atteindre jusque dans nos profondeurs morales et spirituelles. N'y a-t-il pas là un rebond inattendu du spirituel ?

Depuis quelque temps, je note un nouveau langage spirituel pour exprimer tantôt le caractère dramatique des très graves catastrophes climatiques (250 en cinq ans), tantôt ce que Dennis Meydows appelle « un nouveau culte de la nature »[5]. Certains évoquent même les premières pages de la Bible et son chaleureux traitement de la nature. La parole qui conclut le récit de la création : « Et Dieu vit tout ce qu'il avait fait. Voilà, c'était très bon » (*Gn* 1,31), est suivie par le mythe du drame planétaire du déluge qui se conclut sur la promesse de Dieu qu'il n'abandonnera jamais la terre et ses habitants : « Je ne maudirai plus jamais le sol à cause de l'homme. Certes, le cœur de l'homme est porté au mal dès sa jeunesse, mais plus jamais je ne frapperai tous les vivants comme je l'ai fait. [...] Je vais établir mon alliance avec vous, avec votre descendance après vous et avec tous les êtres vivants qui sont avec vous : oiseaux, bestiaux, toutes les bêtes sauvages qui sont avec vous » (*Gn* 8,21 ; 9,9-10).

---

5. MEYDOWS, D. *Les limites de la croissance,* Montréal, Écosociété, 2013.

Mais revenons à notre exploration des rapports actuels à la nature. Tout se passe comme si, en modernité, on avait fait le saut de la soumission à la nature à la domination de la nature au point de s'aliéner d'elle-même plutôt que de chercher l'harmonie avec elle (le texte de *Genèse* que l'on vient de lire ne parle-t-il pas de cette harmonie quand il dit : les êtres vivants qui sont « avec vous » ?)

Voyons bien la donne des nouvelles dynamiques en relation avec la nature. Dans le champ de sensibilité de conscience et d'engagement de gens soucieux de l'environnement, et particulièrement de jeunes, j'observe deux traits marquants.

D'abord un refus de cette instrumentalisation intempestive de la nature qui n'a cessé de croître, par exemple dans la banalisation du non respect des milieux humides par un asphaltage tout azimut qui est un véritable « pavé dans la mare ». J'observe un refus croissant de cet irrespect radical – on pourrait même parler de violence – envers la nature. Je vois dans ce refus radical une sorte de nouvelle conscience sacrée qui n'hésite pas à dénoncer les fréquentes infractions actuelles, tant individuelles que collectives. C'est comme si c'était nous-mêmes que celles-ci blessaient, et cela pour longtemps. N'est-ce pas un peu comme si la nature n'était plus un objet extérieur à nous, mais un sujet dont nous faisons partie à part entière ?

Le deuxième trait de cette nouvelle donne me semble être une dynamique positive d'intériorisation, de valorisation, d'intégration de la nature dans nos aspirations à bien vivre personnellement et ensemble. Et aussi dans ce que nous considérons comme des responsabilités de plus en plus graves compte tenu des terribles échéances qui menacent la biodiversité, voire la vie elle-même sur la terre. On peut même se demander s'il n'y a pas là une rare préoccupation à long terme dans une société où en raison de la logique néolibéraliste du profit maximum immédiat, tout se joue à court terme tant sur les plans psychologique, social, économique que politique. L'impact à long terme des atteintes à la nature est aussi un lieu de conscience, de responsabilité et d'engagement envers les prochaines générations. Parfois, je me demande si celles-ci ne nous feront pas un procès carabiné au sujet des énormes dettes, déficits et déchets que nous leur auront laissés. Un certain nombre de « prospères » d'aujourd'hui semblent ne faire aucun cas de cette éventualité, ce qui scandalise de plus en plus la jeune génération. Qui sait si les deux principales classes sociales de l'avenir ne seront pas celle des héritiers et celle des non-héritiers ?

La figure spirituelle du Dalaï Lama semble trouver beaucoup d'écho chez plusieurs contemporains. On lui a un jour posé cette question : « Qu'est-ce qui vous surprend le plus dans l'humanité ? » Il a répondu : « Les hommes perdent la santé pour accumuler l'argent, ensuite ils perdent de l'argent pour retrouver la santé. Ils vivent comme s'ils n'allaient jamais mourir et ils meurent comme s'ils n'avaient jamais vécu, en effaçant leurs traces. »

S'agit-il de culture, là aussi, j'observe une nouvelle conscience écologique. Des nouveaux courants culturels se distancient de l'art abstrait et empruntent davantage à la nature et à ses beautés. Et en littérature, on commence à parler de paysage intérieur, de jardin secret, de ré-enracinement, de saisons de l'âme, de croissance, etc.

Dans un autre ordre d'idée, des mouvements comme celui de la simplicité volontaire et de la saine alimentation remettent en cause l'hyperconsommation matérielle. Pour certains, c'est là une importante composante de leur spiritualité. Si « ventre affamé n'a pas d'oreille », ventre gavé ne laisse pas de place à la vie intérieure de l'âme. La mystique d'aujourd'hui ouvre de nouveaux chemins spirituels davantage en prise sur la nature. J'y reviendrai un peu plus loin.

Toutes ces remarques nous incitent à approfondir la place de la nature dans la spiritualité humaniste, et ce, dans le contexte des débats actuels sur la laïcité et la religion. Certains critiques pensent encore qu'on est en train de liquider définitivement tout ce qu'il y a eu de religieux dans l'humanité d'hier à aujourd'hui. J'ose dire que dans le nouveau champ de conscience des nouvelles générations, et peut-être des générations futures, il se pourrait qu'on veuille au contraire explorer les richesses refoulées, sinon oubliées, des expériences et ouvrages religieux très souvent reliés de diverses façons à la nature. Je pense, par exemple, à l'engouement de certains milieux proches des médecines douces pour l'œuvre de la mystique médiévale allemande Hildegarde de Bingen.

Ces expériences et ces documents sont des lieux incontournables pour connaître comment les cultures, les religions et les sociétés ont traité les questions fondamentales à telle ou telle époque. Même des athées contestent un certain laïcisme fermé à cette riche mémoire de l'humanité. Je me demande si le triptyque historique « naturel, culturel et spirituel » ne se trouve pas déjà dans ce que j'ai appelé le nouveau champ de conscience des nouvelles générations. Le matérialisme tous azimuts en a déçu beaucoup. Redisons-le : de plus en plus d'esprits non religieux s'inquiètent du vide spirituel, du drame spirituel, souvent ignoré ou refoulé, qui sous-tend les pertes de sens, les bleus à l'âme, certains suicides, l'éclatement du psychisme d'un grand nombre. Ces profondeurs intérieures échappent tout autant à la science qu'à la morale. Je connais des athées qui savent qu'on n'a pas remplacé certains rôles de la conscience et de l'expérience religieuse dans ce sous-sol mystérieux que je viens d'évoquer.

À ce chapitre, nous aurions donc des leçons à recevoir de la longue histoire d'accointances entre l'homme et la nature, sur fond religieux. Aujourd'hui, on parle plutôt de la profondeur spirituelle de la nature, justement dans la recherche d'harmonie bienfaisante avec elle. Je pense à la redécouverte de la spiritualité amérindienne, dont voici quelques textes représentatifs :

> – Je me demande si la Terre a quelque chose à dire.
> Je me demande si le sol écoute ce qui se dit. Je me
> demande si la Terre est venue à la vie et ce qu'il y
> a dessous. J'entends pourtant ce que dit la Terre.
> La Terre dit : « C'est le Grand Esprit qui m'a placée
> ici. Le Grand Esprit me demande de prendre soin des

Indiens, de bien les nourrir. Le Grand Esprit a chargé les racines de nourrir les Indiens. » L'Eau dit la même chose : « Le Grand Esprit me dirige. Nourris bien les Indiens. » L'Herbe dit la même chose : « Nourris bien les Indiens. » La Terre, l'Eau et l'Herbe disent : « Le Grand Esprit nous a donné nos noms. » La Terre dit : « Le Grand Esprit m'a placée ici pour produire tout ce qui pousse sur moi, arbre et fruits. » De même la Terre dit : « C'est de moi que l'homme a été fait. » Le Grand Esprit, en plaçant les hommes sur terre, a voulu qu'ils en prissent bien soin, et qu'ils ne se fassent point de tort l'un à l'autre...[6]

— Notre terre vaut mieux que de l'argent. Elle sera toujours là. Elle ne périra pas, même dans les flammes d'un feu. Aussi longtemps que le soleil brillera et que l'eau coulera, cette terre sera ici pour donner vie aux hommes et aux animaux. Nous ne pouvons vendre la vie des hommes et des animaux ; c'est pourquoi nous ne pouvons vendre cette terre. Elle fut placée ici par le Grand Esprit et nous ne pouvons la vendre parce qu'elle ne nous appartient pas[7].

---

6. McLuhan T.C., *Pieds nus sur la Terre sacrée*, Paris, Denoël/ Gonthier, 1974, p. 20.
7. Cité par Gabriel-Xavier Culioli dans *Natura Corsa*, Waterloo, La Renaissance du Livre, 1998, p. 15.

– La Terre et moi sommes du même esprit. La mesure de la Terre et la mesure de nos corps sont les mêmes... Je n'ai jamais dit que la Terre était mienne pour en user à ma guise. Le seul qui ait le droit d'en disposer est celui qui l'a créée... [8]

– L'homme blanc, dans son indifférence pour la signification de la nature, a profané la face de notre Mère la Terre. L'avance technologique de l'homme blanc s'accompagne parfois d'un manque d'intérêt pour la voie spirituelle, et pour la signification de tout ce qui vit. L'appétit de l'homme blanc pour la possession matérielle et le pouvoir l'a aveuglé sur le mal qu'il a causé à notre Mère la Terre... On ne doit pas permettre que cela continue, sans quoi notre Mère la Nature réagirait de telle manière que presque tous les hommes auraient à subir une fin comme celle qu'ils connaissent présentement... Le Grand Esprit a dit que l'homme devait vivre en harmonie et maintenir une Terre bonne et saine pour tous les enfants à venir... [9]

L'exploration de la nature comme voie d'accès au spirituel nous invite donc à observer les relations des grandes religions du monde avec la nature. L'hindouisme, le jaïnisme, le taoïsme, le bouddhisme, l'Islam, le judaïsme, le christianisme nous disent

---

8. McLuhan T.C., *op. cit.*, p. 59.
9. Lettre d'un groupe d'Indiens Hopis au président Richard Nixon en 1970.

tous que le sort de l'homme et celui de la nature sont étroitement liés. Raison de plus pour ne pas oublier que l'homme est doué de potentialités spirituelles et que le réduire à ses seules dimensions économiques et sociales serait l'amputer de celles qui font la singularité et l'honneur de l'humanité.

Ces derniers propos nous amènent à dépasser nos rapports avec la nature comme avec une réalité extérieure à nous, qui nous tirerait hors de nous. Au contraire, la voie spirituelle actuelle fait aussi de la nature un lieu d'intimité, d'intériorité, d'âme et conscience, et d'engagement du plus profond de soi dans notre grave contexte historique.

La nature comme lieu d'intériorité

Je me permets d'évoquer ici une fois de plus[10] un moment de grâce « naturelle » que j'ai vécu dans ma prime jeunesse.

J'avais neuf ans lorsque j'ai vu la mer pour la première fois. C'était en Gaspésie. C'est là que j'ai cueilli avec ravissement mon premier coquillage. Et je me disais, avec un je ne sais quoi de sentiment de mystère : mais comment donc la mer peut-elle sculpter une telle merveille ?

---

10. Je me permets de reprendre dans un nouveau contexte ce que j'ai déjà publié dans *Réenchanter la vie. Essai sur le discernement,* tome I, Montréal, Fides, 2002, p. 250-252.

Je plongeai mon petit doigt dans l'étroite cavité du coquillage : il n'y avait rien de vivant, il était comme vidé de lui-même. « Il est mort, me suis-je dit tristement. Pourtant il est si beau, ça n'a pas de sens. » Je ne sais par quel instinct ou inspiration j'approchai le coquillage de mon oreille. Et là, j'entendis l'immense chant des vagues de la mer devant moi. Comment donc un tout petit coquillage pouvait-il contenir toute la beauté du monde, de l'univers infini ?

Ce fut ma première expérience mystique, mon premier éveil au sacré, au mystère. Je vivais à ce moment-là le deuil de mon grand-père adoré. Les adultes oublient vite leurs désespoirs d'enfant. Voici que je trouvais un sens à la vie, à la mort. Le Dieu dont on m'avait parlé devenait tout à coup intime. Lui et mon grand-père me parlaient à travers ce petit coquillage. Il y avait donc autre chose que la vie si courte ! De la mort dans la vie, de la vie dans la mort, et quelque chose de plus, de très grand, de très beau. « Et si c'était ça, Dieu ? » dis-je à ma mère étonnée par ma soudaine gravité silencieuse.

Je ne me rappelle plus ce qu'elle m'a dit à ce moment-là, ni ce qui s'est passé par la suite, rien si ce n'est ce long moment muet que j'ai passé dans ses bras. Je pense que je venais de toucher une corde sensible chez elle, comme si elle sentait peut-être que son fils avait trouvé son âme et que c'était là un sanctuaire inviolable habité par une autre présence... une autre histoire qui commençait... une vocation qui s'amorçait...

Je lui suis reconnaissant d'avoir si bien respecté cette part secrète en moi. Lieu d'émergence de ma conscience, de ma capacité d'intimité avec moi-même, et de ma propre expérience de Dieu. C'était mon baptême à moi, source de ma première prière vraiment personnelle.

> Le silence accueillant de ma mère fut peut-être une sorte de sacrement de Toi, Seigneur Dieu, de ton émouvante réserve, de ta bouleversante discrétion dans la trace de nos pas, comme le laissent entendre tant de psaumes de la Bible. Nous sommes si petits dans ce vaste univers, comme ce coquillage échoué sur la rive de l'immense océan, vidé de lui-même, et mystérieusement porteur du chant de toute ta création et de toi-même, son Créateur.

> La mer nous effraie moins, vue de ses rives avec leurs dunes, leurs mouettes, leurs coquillages, leurs odeurs de varech. Ainsi, Seigneur Dieu, tu t'es fait des nôtres, tout en sacrifiant de ta Grandeur, comme l'océan qui a fait les continents en se retirant. Et tu as pris goût à notre terre. Je pense à Péguy qui t'a fait dire ces paroles inoubliables en commentant la prière du Notre Père : « Mon fils, tu me reviens avec un goût de terre et d'homme que je ne soupçonnais pas. » C'est de là que je te chante ce poème :

Comme une entaille d'érable

    qui laisse couler

    la sève de son meilleur suc

    pour la fête du printemps

Comme une pierre

    qui heurte la nuit de l'eau

    pour faire gicler mille étincelles d'étoiles

    et vibrer des ondes d'aurore jusqu'à l'infini

Comme un feu

    qui, telle une âme ardente,

    colore du dedans

    le métal le plus froid, le plus résistant

Comme un soleil de pourpre

    qui saigne sur les nuages noirs

    de mon crépuscule

J'entre avec Toi, Seigneur,

    dans les secrets de l'âme du monde,

    dans le mystère de ta chair ressuscitée.

Mais il a fallu que ma prière

    fût jeûne avant d'être festin

    et nudité du cœur avant d'être

    manteau de ciel bruissant de mondes.

Car on doit creuser souvent et longtemps

le puits de sa vie, de sa terre

pour atteindre le roc et la source

du Dieu de satiété.

Alors, les gerçures, les morsures,

les cris de ma lèvre

ont retrouvé ta fraîche et tendre

Parole d'éternité.

Et du cratère éteint, muet, de mon épreuve

l'Esprit a surgi en torrent de flammes

pour purifier mon âme

et ouvrir mon sol comme un fruit.

Depuis cette irruption

tu m'attires, tel un fer l'aimant

et je ne puis que m'abandonner au
Royaume

qui m'entraîne plus qu'il ne m'oblige.

Par mille et un chemins, le contact direct avec la nature et l'un ou l'autre de ses éléments recèle une ouverture possible sur l'infini. Sur ce qui nous dépasse. Il est pour toute personne une voie d'accès au spirituel.

Les saisons et leur riche imaginaire sont tout autant spirituels que naturels

Depuis plus de quarante ans, en plus de mon enseignement à l'université, j'exerce un ministère paroissial dans les Laurentides, dans une zone résidentielle et touristique. Y viennent des gens d'un peu partout dans le monde. Il y a quelques années, une dame me dit après une messe du dimanche : « Je viens ici parce qu'il y a une spiritualité des saisons. » Voyant ma perplexité, elle s'explique : « J'ai vécu presque toute ma vie à Johannesburg, en Afrique du Sud. Pendant soixante-cinq ans, tous les matins, en me levant, je voyais les mêmes palmes de mon palmier se dandiner dans le soleil quotidien avec une température toujours égale tout au long de l'année. Vous autres, vous ne savez pas ce que ça veut dire ne pas avoir de saison. Les étrangers me disaient que je vivais dans un paradis terrestre. Et moi je me disais intérieurement, j'espère que le vrai paradis n'a pas la même platitude.

« À ma retraite de l'enseignement, je suis venue rejoindre ici mes enfants et petits-enfants. Je suis arrivée au printemps, au temps de Pâques, à la fin d'un long hiver très rigoureux, à ce qu'on me disait. Vous-même, à cette messe, vous nous avez accueilli avec cette belle interpellation de saison : "Eh les amis, il y a de la résurrection dans l'air ! Cette explosion printanière soudaine de vie nouvelle a quelque chose d'un miracle spirituel de la nature. C'est un signe du Créateur qui nous aide à croire que son Jésus terrestre et humain comme nous, nous entraîne par sa Résurrection dans une vie plus forte que la mort !" » Et la dame d'ajouter : « Vous voyez bien que la vieille enseignante que je suis n'a pas perdu un mot de votre message. Mon mari est un protestant convaincu, mais cela ne l'empêche pas de reconnaître que le catholicisme est davantage resté en prise sur la nature et son très riche imaginaire symbolique spirituel. "Nous, notre foi, dit-il, c'est une affaire de tête." »

Ce souvenir m'amène à réfléchir sur la spiritualité des saisons. J'évoque d'abord un moment critique que je vis en écrivant ce texte. Nous sommes début de novembre. On vient de fêter l'Halloween. Partout dans les rues on observe sur les parterres des symboles de la mort grimaçante et les traces de la distribution des bonbons aux enfants. Cette mascarade a remplacé la commémoration des êtres chers qui nous ont quittés, commémoraison qui se vivait dans une célébration de leur vie ici-bas et de cet au-delà d'où ils veillent sur nous.

Cette espérance remonte à nos ancêtres humains les plus lointains qui se demandaient ce qui arrive à ceux qui les ont quittés. Ce fut le début de la conscience, de l'expérience religieuse et de ce qui démarque l'être humain de l'animalité. L'Halloween semble balayer ce riche et dense humanisme de l'histoire humaine là où la liturgie chrétienne de la Toussaint (1er novembre) et de la Commémoraison des défunts (2 novembre), tout en résumant cette profonde mémoire, ouvre un horizon que l'œil n'a pas vu, celui de la victoire de la vie sur la mort dans la résurrection du Christ qui entraine la nôtre. Resituée dans le dépouillement de l'automne, cette fête nous convainc que même les feuilles mortes de notre vie préparent un nouveau printemps, une nouvelle Pâque.

Eh oui, trois dons divins que la nature aide à comprendre : la vie, une vie nouvelle et la vie éternelle. Bien sûr, cela relève de la foi chrétienne dans ce qu'elle est aussi bien de la nature que de la surnature. Et du mystérieux don de Dieu lui-même, le Dieu de Jésus-Christ. En termes un peu savants, je dirais qu'il y a là une foi tout autant immanente que transcendante, autant de la nature que de la grâce de Dieu, autant de l'humain que du divin.

Avec le solstice d'hiver vient le Noël chrétien, un recommencement qui est plus que lui-même. Une nouveauté radicale en plein hiver de la terre et de nos vies. « La neige blanche et pure marque la trace de nos pas. Au fond, Seigneur, ta Bible est un peu comme la neige, tu ne nous as laissé que des traces de toi dans nos pas. J'aime l'humilité des traces, elles ne s'imposent pas. Elles évoquent à la fois le chemin, la recherche, le désir, l'aventure, le mystère et quoi d'autre encore ! De notre vie aussi nous ne laissons que des traces pour ceux qui nous suivent. Et tu nous dis, avec raison, qu'il ne restera de nous que ce que nous avons donné... L'eau de pluie s'évapore ou s'enfonce dans la terre, mais la neige demeure un bon moment parmi nous comme un temps précieux pour ressaisir le tracé de notre vie et de notre foi, et les signes que tu lui imprimes [11]. »

Mais je ne saurais oublier le temps des semences, des croissances et des moissons dans les temps de désenchantements mortifères. Tu ne nous laisses pas avec un produit fini. Tu ne nous as donné que des semences. Aujourd'hui, tu nous invites à semer, à cette

---

11. Repris de mon ouvrage *Réenchanter la vie. Essai sur le discernement,* Tome I, Montréal, Fides, 2002, p. 224-225.

espérance rendue visible dans le grain qu'on dépose soigneusement en terre. Oui, tu nous confies la mission de semer comme un acte de foi au quotidien dans l'ouvrage bien fait, dans les longues patiences de s'éduquer et d'éduquer nos enfants, et dans la qualité du « vivre ensemble », dans le courage de la libération solidaire. Tu ne sais pas la désespérance. Même à travers nos guerres et nos déserts, tu entraînes ta création et nos histoires vers des horizons que l'œil n'a pas vus. Le centuple du blé ne vient-il pas mystérieusement d'un humble grain semé dans le terreau le plus ordinaire de nos jours et nos nuits ?

Chaque saison comporte des tâches qui, si on s'y arrête, impliquent autant de ce décentrement de soi sans lequel il n'est pas d'expérience spirituelle authentique. Chacune apporte aussi ses occasions d'émerveillement et d'expériences de transcendance. Au printemps, par exemple, avec la débâcle sur les rivières et les lacs qui calent, le retour rassurant et mystérieux des oies blanches et des outardes, la percée des bourgeons, le retour des couleurs, l'ouverture des premières terrasses, tout chante la vie. La vie plus forte que la mort. Ce n'est pas pour rien que dans l'hémisphère Nord, on y célèbre la Résurrection du Christ. Quand on change les pneus d'hiver pour les pneus d'été, c'est plus ou moins explicitement avec l'anticipation des ballades et des sorties des vacances qui viendront.

Or, quoi de plus spirituel que ce sens de la renaissance et des recommencements, du renouvellement et de la promesse, autant de thèmes spirituels présents dans la Bible et tant d'autres traditions religieuses !

On pourrait en dire autant de chacune des autres saisons : l'été et ses temps de gratuité, l'automne avec l'étalement insolent des couleurs dans les arbres et les tâches importantes de préparation à l'hiver, ce dernier avec son caractère ascétique et sa lumière aussi éclatante que mesurée sur la neige...

Si l'expérience immédiate de la nature se prête à des expériences intérieures qui ouvrent l'être humain sur ce qui est plus grand que lui et le conduisent à de véritables moments de contemplation et à des tâches qui comportent toutes une dimension spirituelle cachée, il existe aussi des réalités naturelles porteuses de significations spirituelles universelles.

Le « sentiment océanique »

Il est une expérience « naturelle » qui peut être profondément spirituelle. Comte-Sponville parle de ce que Freud, reprenant une expression de Romain Rolland, appelle le « sentiment océanique ». Il le décrit comme « un sentiment d'union indissoluble avec le grand Tout, et d'appartenance à l'universel. Ainsi la vague ou la goutte d'eau, dans l'océan... » Le plus souvent ce n'est qu'un sentiment, en effet. Mais il arrive que ce soit une expérience, et bouleversante, ce que les psychologues américains appellent aujourd'hui un *altered state of consciousness*, un état modifié de conscience. Expérience de quoi ? Expérience de l'unité, comme dit Svâmi Prajnânpad : c'est s'éprouver un avec tout.

« Je m'ouvrais pour la première fois à la tendre indifférence du monde. De l'éprouver si pareil à moi, si fraternel enfin, j'ai senti que j'avais été heureux, et que je l'étais encore. »

Ces mots concluent presque *L'étranger*, de Camus. Ces « noces avec le monde », comme il le dit ailleurs, relèvent bien d'une expérience spirituelle, mais qui se vit tout entière dans l'immanence. « Je suis comblé avant d'avoir désiré. L'éternité est là et moi je l'espérais [12]. »

« Le "sentiment océanique" n'appartient à aucune religion, à aucune philosophie, et c'est tant mieux. Ce n'est pas un dogme, ni un acte de foi. C'est une expérience [13]. »

Un symbole audacieux : l'Évangile et le compost

J'aimerais développer ici l'image du compost qui, s'il fait partie des cycles naturels qui transforment en vie quelque chose de mort, est devenu une activité humaine intentionnelle qui peut suggérer un travail spirituel intérieur essentiel.

Le compost est le mélange fermenté de débris organiques, bref de nos déchets. On sait qu'il est le meilleur engrais naturel pour renouveler la terre en la fécondant. Tout le contraire des engrais chimiques artificiels qui finissent par tuer l'humus et limiter son renouvellement.

Comment ne pas en tirer une réflexion apte à comprendre notre société actuelle, notre vie d'aujourd'hui, et aussi les grands mystères chrétiens comme la mort et la Résurrection de Jésus de Nazareth et la nôtre, et tout autant la miséricorde de Dieu qui

---

12. CAMUS, A. *L'envers et l'endroit*, Paris, Gallimard, 1986, p. 118.
13. COMTE-SPONVILLE, A. *op. cit.*, p. 161 et 166.

sauve même les plus grands pécheurs ? Pour peu que je m'y arrête, je découvre que l'image peut effectivement conduire jusqu'à cette hauteur spirituelle.

Voyons ce qui se passe dans notre conscience et dans notre vie. On a coutume de n'en retenir que les belles affaires, les bonnes choses toutes pures. Qui pense qu'il y a quelque chose à tirer de ce que nos ancêtres appelaient nos « crottes sur le cœur », nos échecs, nos erreurs, y compris nos péchés ?

La dynamique du compost peut nous amener à voir notre vie différemment. Exemple.

Un jour, je suis allé voir un jeune détenu au pénitencier de Sainte-Anne-des-Plaines. Avec un accent de profond désespoir, il me répétait : « Ah moi, ma vie, c'est de la merde ! » Devant lui, je me sentais aphone. J'ai tout de même pu lui dire en le quittant : « Tu sais Éric, les cultivateurs font des beaux fruits et légumes avec le fumier. » Deux ans plus tard, au centre-ville de Saint-Jérôme, quelqu'un a couru vers moi. C'était lui. Il m'a dit : « Je suis complètement réhabilité. Vous m'avez fait comprendre qu'avec mon compost de déchets, je pourrais faire de sacrées bonnes choses. »

C'est cet événement qui inspire ma réflexion d'aujourd'hui. Il m'aide à comprendre des choses que j'ai longtemps trouvées incompréhensibles. Par exemple, mes maîtres me disaient : l'expérience, c'est la somme de nos erreurs. Et l'Évangile n'affirme-t-il pas que Dieu aime les pécheurs et qu'il ne sait pas quoi faire avec ceux qui se prétendent sans reproche et sans faute ?

Dans notre vie à tous, il y a eu bien des déchets : des peines, des échecs, des passes difficiles, des erreurs, des fautes, des sentiments absurdes, des règles insensées liées à la religion.

Il n'y a pas de vie facile. Au cours de mes longues études, j'ai vécu plusieurs périodes où j'étais « tanné », écœuré au point de vouloir démissionner. Je me sentais comme ces jeunes d'aujourd'hui qui disent qu'ils n'apprennent que des choses inutiles. Ne vaut-il pas mieux faire de l'argent tout de suite ? Eh bien dans mon cas, je me rends compte que tous les apprentissages scolaires pénibles m'ont donné une « couenne » résistante et aussi une persévérance pour aller au bout de mes chantiers et de mes idéaux.

Chacun pourrait apporter des exemples semblables. Dans le long parcours des amours qui traversent une vie, qui n'a pas vécu des crises douloureuses qui ont pu paraître sans issue et qui, paradoxalement, ont pu amener l'amour à devenir plus profond, comme ces arbres qui ont résisté à toutes les tempêtes, à tous les hivers. Il se pourrait bien que les plus beaux et plus durables amours soient les amours patiemment compostés.

On pourrait dire la même chose de la parentalité avec ses énormes défis qui parfois n'en finissent plus. Que de découragement devant des difficultés apparemment insurmontables vécues par ses enfants, ou devant ses échecs ou mauvaises décisions comme parents ! L'éducation compostée, quoi ! Il en va de même de nos expériences de travail, de métier, de profession. Quels défis de compostage, que le mot sueur exprime bien !

Parlant de sueur, nous aurions beaucoup à apprendre de nos ancêtres qui ont connu souvent des conditions de vie très dures et même décourageantes. Avec leur foi, ils en ont fait un plus de vie, un plus de courage, un plus d'espérance envers et contre tout. C'était ça leur compostage à eux, qui ont cru au grand composteur qu'est celui qu'ils appelaient en toute simplicité le Bon Dieu.

Et que dire de notre religion ! Les croyants et pratiquants d'aujourd'hui ont refusé de jeter le petit avec l'eau du bain. Il leur a fallu composter bien des déchets de leur héritage religieux. Composter non seulement la mémoire souvent blessée, mais aussi le mépris ou le rejet de la foi par une certaine modernité qui ignore notre évolution positive gagnée de haute lutte pour une foi plus libre et épanouissante.

Allons plus loin. Pratiquement tous aujourd'hui, nous nous questionnons sur des choses qui nous semblent incompréhensibles et même scandaleuses dans la vie de l'Église et jusque dans la Bible et les Évangiles. Que dire alors des doutes sur l'existence de Dieu, sur la vie au-delà de la mort, sans compter le choc entre notre espérance chrétienne et nos désespérances face à un monde et une humanité qui souvent nous désespère !

Le phénomène du compostage nous apprend à revaloriser nos déficits, nos questions sans réponse, nos épreuves, comme on « revalorise » les déchets. Il y a là tout un stock à composter pour donner naissance à un autre regard sur nous-mêmes, croyants, sur notre foi, sur la Bible et les évangiles. Eh oui, il y a un beau et grand composteur derrière tout cela. Un Dieu composteur qui utilise même nos pires débris, nos hommeries, nos péchés, y compris notre mort pour susciter et ressusciter en nous une vie nouvelle et un accès à sa vie éternelle.

Mon frère, ma sœur, inspire-toi de cette dynamique de vie si d'aventure tu as peine à trouver du sens à ta vie, si une épreuve te submerge, si tu ploies sous tes tâches de parent, d'étudiant ou de travailleur, si tu supportes mal ton vieillissement, si tes projets ne rencontrent qu'opposition. Souviens-toi que tes feuilles mortes peuvent contribuer à la résurrection d'un nouveau printemps verdoyant en toi, en ta vie et chez les autres.

Conclusion

Il y aurait sûrement d'autres expériences à exploiter pour faire voir comment la relation à la nature constitue pour toute personne humaine une voie d'accès au spirituel : le soin et le respect du corps, l'engagement écologique, l'horticulture ou la richesse de la vie sexuelle, par exemple. Comme tout le monde, les croyants peuvent s'y retrouver. S'ils pouvaient reconnaître toute la validité de leur expérience de la nature comme voie de Dieu vers nous et de nous vers Dieu ! Ce n'est peut-être pas sans difficulté qu'ils le feront tant la tradition chrétienne des derniers siècles a mis l'accent sur le mystère de la rédemption (péché, culpabilité, mépris du corps, méfiance du plaisir d'un côté, et salut en Jésus-Christ de l'autre) au détriment des théologies de la création et de l'incarnation qui sont pourtant d'une telle richesse ! N'est-il pas merveilleux que notre époque séculière nous provoque à les retrouver ?

L'expérience de la nature renforce des valeurs fondamentales comme le respect de la vie, l'humilité ou le sens de la complémentarité et de l'interdépendance. Bien d'autres valeurs, bien sûr, sont également une voie d'accès au spirituel, comme nous allons le voir maintenant.

II
LA VOIE DES VALEURS

Depuis plusieurs années, on parle d'une crise des valeurs. Il n'y a pas que les personnes âgées à trouver qu'« il y a des valeurs qui se perdent ». La récente mise en lumière des stratagèmes qui ont permis une inqualifiable collusion entre élus ou fonctionnaires municipaux et firmes de travaux publics et la révélation des mensonges répétés de ceux qui, hier encore, protestaient d'être plus blancs que neige illustrent que des valeurs comme le bien commun, l'intégrité et la vérité foutent le camp. Heureusement, ces constats s'accompagnent d'une réflexion publique pour scruter les fondements moraux et spirituels des valeurs ainsi que les causes et les sources de la crise.

Les valeurs, voie d'accès au spirituel ? Valeurs humanistes pour les esprits séculiers, valeurs évangéliques pour les croyants : faut-il opposer, séparer, voire même distinguer ?

Au cours des dernières décennies, j'ai eu plus de temps pour l'accompagnement spirituel de personnes et de groupes communautaires et cela sous différentes formes, comme l'échange épistolaire. J'ai vécu passionnément ces cheminements avec ce que les êtres ont de plus profond. Ils m'ont beaucoup appris, y compris pour ma propre aventure de vie, de foi et d'engagement. Au fil des jours, j'ai pris note de leurs propos, de leurs expériences et de leur manière de donner corps à une spiritualité au quotidien. Dans ce chapitre, je fais écho à ceux qui ont emprunté le chemin des valeurs pour penser et structurer leur vie intérieure, leurs idéaux, leurs tâches quotidiennes et leurs engagements.

Commençons par cet échange entre un professeur et ses interlocuteurs :

Le professeur : « Longtemps, j'ai pensé que les valeurs, c'était cela le spirituel de base du comportement humain. Je croyais que l'intelligence et la pratique des valeurs allaient remplacer le carcan religieux moralisateur d'hier. Et voilà que de toutes parts on s'est mis à parler de la crise des valeurs. Il y a là quelque chose qui concerne le spirituel que je n'arrive pas à nommer. À Saint-Jérôme, au centre-ville, on trouve un paquet de bureaux privés de psychologues. Ça vient d'où, au juste, ce que j'appellerais la société thérapeutique ? Et tant de gens qui y passent ? Le langage et le sens du spirituel me semblent étrangers à ce monde-là. Moi, je ne suis pas un esprit religieux, mais je dois reconnaître que plusieurs de mes étudiants au cégep ont besoin de foi et d'espérance, de fondements plus solides pour faire face aux temps difficiles qu'ils pressentent ou vivent déjà. »

« Moi, dit un étudiant, je n'ai pas autant réfléchi que vous, mais je pense qu'il y a une crise des valeurs parce qu'elles n'ont pas de profondeur. Une vraie valeur, pour être elle-même, doit avoir des racines. J'ai entendu dire que des sondages soulignent que c'est la valeur "respect" qui arrive en tête de liste. Les gens insistent sur cela justement parce qu'il y a beaucoup de problèmes d'irrespect. Mais pratiquement personne ne semble rien savoir de la source du problème. Peut-être qu'elle est spirituelle ? Par exemple, se pourrait-il qu'on ait perdu le sens du sacré ? "Ça, c'est sacré." Je dois respecter cette personne, cette conviction, cette chose. »

« Moi, dit un autre, je dirais la même chose au sujet de l'autorité qui n'est plus une valeur aujourd'hui. Là encore, c'est peut-être une question spirituelle. Prenons la valeur de l'honnêteté ; elle ne peut être vécue vraiment si elle ne fait pas autorité pour moi. Ce qui me fait dire que la valeur authentique a toujours une dimension, une base spirituelle. Soit dit en passant, on a ici un bel exemple d'un des rôles de la valeur, celui de faire la vérité dans la conduite de la vie. »

La crise des valeurs est grave à mon sens, car je crois que les valeurs sont pour tout être humain une voie privilégiée d'accès au spirituel. Alors, creusons un peu la chose.

Une question de civilisation

Dans mon dernier livre *Société laïque et christianisme*, tout un chapitre est consacré aux valeurs. J'y présente les débats actuels autour de la crise des valeurs, je parle de la refondation, de la recomposition et de la révision des valeurs, je présente six clés pour un échange communautaire sur les valeurs et je traite de leur transmission. J'aborde ensuite une question d'actualité brûlante : celle des valeurs chrétiennes dans la société laïque. Je parle du sens de la responsabilisation, de la limite, du rôle libérateur et civilisateur de l'interdit. Et vers la fin du chapitre, j'ai écrit : « Les valeurs sont peut-être un renouement avec la transcendance, avec les profondeurs morales et spirituelles[14]. »

La réflexion que j'ai menée sous l'angle de la société, je veux la poursuivre ici sous l'angle de la spiritualité personnelle, une spiritualité toujours incarnée, bien sûr, dans un environnement donné.

Les valeurs et leur dimension transcendante

Dans la spiritualité chrétienne, on a longtemps reconnu quatre grandes voies d'accès au spirituel : l'Un, le Beau, le Vrai et le Bon. Ces termes, empruntés aux anciens philosophes grecs et repris par les philosophes et théologiens du Moyen Âge, étaient connus sous le nom de transcendantaux. Comme le mot le suggère, ces réalités ultimes « transcendent » l'ordinaire de la vie et de l'histoire ainsi que la subjectivité. Chercher l'une ou l'autre de manière active, c'est donc s'ouvrir sur plus grand que soi, ou encore s'avancer vers la racine profonde de tout ce qui existe. C'est, en d'autres termes, s'engager dans une voie qui conduit au spirituel comme nous l'avons défini plus haut.

---

14. *Société laïque et christianisme*, Montréal, Novalis, 2010, p. 100.

Ce que les Anciens appelaient « transcendantaux » peut nous servir à comprendre comment les valeurs sont une voie d'accès au spirituel. Les tâches de refondation, de recomposition, de révision et de transmission des valeurs sont en effet des tâches hautement spirituelles. Des tâches qui font sortir de son petit moi pour s'ouvrir aux autres, aussi bien à nos contemporains qu'à ceux qui viendront après nous. Des tâches qui font que l'individu ne s'érige plus en mesure de toute chose, mais qu'il se soumet à une ou des réalités à qui il reconnaît une dimension d'absolu et qui constituent un idéal dont il cherche à s'approcher tout en cherchant à ce qu'elles s'incarnent dans la société.

Ce lien entre les valeurs et une transcendance ou une dimension spirituelle apparaît assez nettement dans l'échange rapporté au début de ce chapitre.

Les valeurs dans une société laïque

Un examen même sommaire force à reconnaître que malgré tout le mal qu'il est bon ton de reprocher aux grandes religions du monde et malgré leurs évidentes erreurs historiques, ces dernières ont véhiculé et promu, et elles le font toujours, l'Un, le Beau, le Vrai et le Bon. Ne faire qu'un avec soi-même et avec le mouvement de l'existence est un des grands idéaux du bouddhisme et la reconnaissance d'un Dieu unique, principe de toute existence et de toute vie, est un fleuron aussi bien du judaïsme que de l'Islam. La recherche religieuse du beau a donné à l'humanité des trésors d'architecture, de musique et de poésie. La passion pour le vrai explique une surabondante littérature philosophique, théologique, spirituelle et même scientifique qui est l'œuvre des plus grands esprits religieux de l'humanité aussi bien en Orient qu'en Occident. Que dire enfin du combat contre le mal et de la recherche du bien qui, comme la compassion bouddhiste ou la charité chrétienne, ont donné naissance à des œuvres qui affirment le refus du mal et en réparent les dégâts tout en promouvant de mille manières la dignité de tous, la justice et la solidarité !

Or, voici qu'en modernité, ces valeurs se sont peu à peu détachées du véhicule religieux qui les avait cultivées et soutenues jusqu'alors. Elles ont acquis leur autonomie. On s'en réclame et on en vit sans avoir à prendre appui sur une croyance religieuse ou une appartenance confessionnelle. Elles n'en ont pas pour autant perdu leur nature de voie d'accès au spirituel.

Dans ce passage à la modernité, une rupture importante s'est produite. J'ai signalé plus haut que beaucoup de gens de ma génération ont vécu une sorte de drame spirituel parce qu'ils avaient une perception d'échec. Je pense ici à la transmission intergénérationnelle. Pour le moment, je veux souligner le choc culturel et spirituel entre, d'une part, les valeurs traditionnelles, qui étaient essentiellement religieuses et qui étaient des valeurs de longue durée et de stabilité et, d'autre part, les valeurs modernes de changements rapides et incessants sous un mode laïc non religieux. Je suis frappé par le chassé-croisé inattendu chez des jeunes qui cherchent une recomposition entre ces deux régimes de valeurs et qui, parfois contrairement à leurs parents baby-boomers, réservent un accueil non crispé à l'héritage religieux. Ce disant, je ne suis pas insensible au fait qu'un bon nombre des baby-boomers ont, en vieillissant, remis en cause le matérialisme des deux décennies de leur jeunesse avide, sans limites, qui ont précédé les années 1980.

De nombreux indices donnent à penser qu'il y a un regain du spirituel depuis un certain temps. On cherche à lui trouver les mots pour se dire, se penser, se pratiquer. Certains revisitent l'héritage chrétien pour y trouver un nouveau visage, une autre histoire, et des significations pour eux aujourd'hui. Je pense par exemple à ce jeune couple qui me disait : « On veut se marier à l'Église, même si on n'est pas sûrs de croire en Dieu. Mais pour nous, les valeurs chrétiennes sont importantes pour un engagement de long terme, mais aussi parce qu'aujourd'hui, se marier ou mettre au monde un enfant, c'est plus qu'un acte de nature ou de raison, mais un acte de foi, de foi forte et profonde. Nous deux, on est d'accord pour dire que l'Évangile de Jésus de Nazareth donne une hauteur d'humanité que nous n'avons trouvée nulle part ailleurs, et les plus belles et fortes raisons d'aimer, de lutter et d'espérer. »

Trois profils spirituels de valeurs

J'observe, chez mes interlocuteurs, trois profils différents dans la manière de se rapporter aux valeurs et dans ce qu'ils en retirent.

La recherche du solide. « Mon besoin, mon goût de spiritualité me vient de la prise de conscience d'un manque au fond de moi et de ma vie. Comme s'il me fallait retrouver un peu, beaucoup de terre ferme, un socle intérieur fort. Mes valeurs les plus essentielles me semblaient de plus en plus fragiles et incertaines. Cette prise de conscience ne venait pas uniquement de moi.

Vous m'avez beaucoup interpellé lorsqu'un jour vous vous êtes interrogé sur le fait que tout se passe comme si beaucoup d'institutions avaient besoin de se refonder, et que c'était peut-être leur plus gros problème... Ah oui ! Je me rappelle que vous avez dit cela dans une réunion de notre groupe de jeunes foyers. On vous avait posé la question : "L'amour, la liberté, la justice sont des valeurs inestimables. Mais on peut faire des bêtises avec l'amour. Et puis la liberté, on peut aussi faire n'importe quoi avec elle. La justice ? C'est tellement facile de la virer vers le seul intérêt de se faire justice, sans tenir compte des autres. Alors qu'est-ce qui fonde les valeurs au juste ?" Voilà la question qu'on s'est posée.

« Moi, j'ai fait un joli bout de chemin avec ça. Je me suis dit que mes valeurs étaient trop superficielles ; elles avaient besoin d'une spiri-tualité pour leur donner plus de profondeur et une base plus solide. Ce paradoxe du spirituel bien compris, bien vécu, bien pratiqué, c'est à la fois un roc et une source. Quand j'ai dit cela à la réunion, vous avez souligné le fait qu'on trouve cela dans presque toutes les grandes mystiques et sagesses de l'histoire : Confucius, la Bible, Euripide, Jésus de Nazareth, les soufis musulmans, saint Augustin, Blaise Pascal. Vous m'avez parlé d'eux dans votre dernière lettre. Reste mon grand défi de me donner une spiritualité qui transforme, dynamise ma vie au quotidien. Les bouts de prière ne suffisent pas. J'ai redonné plus de signification à ma spiritualité quand j'ai été plus soucieuse, plus attentive aux épreuves que vivaient mes compagnes de travail. Voilà où j'en suis. »

La recherche de l'unité. Dépasser le superficiel et creuser en profondeur pour prendre appui sur un roc solide, c'est une chose. S'arracher au morcellement et accepter la dure complexité de l'interrelation des choses importantes en est une deuxième que le témoignage suivant illustre bien. « Notre vie moderne nous offre tant de choses à vivre que nous sommes projetés dans toutes les directions. Comment relier ces activités, ces intérêts, ces objectifs de vie ? Moi, j'ai senti le besoin de relier tout cela et de me recentrer. À tort ou à raison, j'ai fait le pari d'y parvenir avec une spiritualité. Je m'explique.

« On est comme séparés en compartiments. Pour surmonter cela, j'ai pensé que les valeurs m'y aideraient. Parce qu'il me semble qu'une valeur ne vient jamais seule. Autrefois, la durée était une valeur importante. Aujourd'hui c'est le changement. Se peut-il que notre nouveau défi, ce serait de relier ces deux valeurs ? Il en va de même de la liberté et de la responsabilité, surtout quand on pense que dans les grands scandales récents de corruption, on assiste au phénomène ahurissant des "responsables introuvables", avec en prime ce mur étrange entre le "légal" et le "moral". "Ce que j'ai fait était légal", disent-ils, point à la ligne. L'absence de référence à l'éthique, et le refus de prononcer même le mot "morale" marque une dissociation des valeurs les plus fondamentales. »

Je me disais en écoutant cet interlocuteur que cette dissociation ne se rencontre pas seulement dans ces cas criants. N'y-a-t-il pas une dissociation des valeurs dans plusieurs pratiques quotidiennes et dans beaucoup de domaines ?

Comme on le verra dans la présentation d'une autre voie d'accès au spirituel, la morale me semble redevenir un lieu spirituel pour redonner de l'âme à la conduite de la vie, à la justice sociale, aux affaires et à la politique.

Qu'en est-il, alors, des valeurs comme voie d'accès au spirituel ? Quelqu'un me disait : « C'est avec mes valeurs spirituelles que je me suis ramassé ; au début c'était à même mes ruines, puis après, avec ma vie trop émiettée. Faut dire que je n'étais pas le seul émietté. Ma société et bien des affaires sont émiettées. J'ai découvert que la spiritualité, ce n'est pas à côté de la vie, au contraire. C'est dans la spiritualité qui inclut une foi en soi, en les autres, en l'humanité, en l'avenir et, pour les croyants, en un Dieu qui libère, que peut se constituer un solide noyau de valeurs qui se tiennent. »

La recherche incessante. Parce que les valeurs ont quelque chose d'absolu, parce qu'elles transcendent, en quelque sorte, la personne qui les fait siennes, on peut facilement s'imaginer qu'elles ne peuvent changer. Mais comment ce qui ne change pas pourrait-il être vivant ? Écoutons encore : « Tout au long de ma vie, j'ai été confronté à revoir mes valeurs. C'était beaucoup plus qu'une question de changement. Je viens d'une religion morale avec son noyau de certitudes fermées, avec sa dite "hiérarchie de valeurs" figée. Je sais que ce regard sur notre héritage mériterait des nuances. On a trop caricaturé notre histoire. Il n'en reste pas moins que nous nous sommes libérés de bien des carcans. Nous avons vécu une émancipation qui nous a permis de récupérer notre conscience, de nous donner nos propres valeurs et de mieux engager notre histoire à chacun. Et aussi, une autre spiritualité, plus libre, plus apte à se penser, à se renouveler, et cela avec des valeurs affectives épanouissantes. Nous étions tellement crispés dans le passé par l'obsession du péché ! Mais il n'y a pas que les mœurs religieuses du passé qui ont été révisées. Par exemple, à un moment donné, on a commencé à revoir notre style de vie matérialiste et les nombreuses déceptions qu'il laisse. Moi, en tout cas, ça m'a fait vivre une sorte de virage spirituel. Je crois en quoi, en qui ? En rien ? J'éprouve un nouvel intérêt à me ressourcer intérieurement. Et à redéfinir mes valeurs pour mieux les approfondir. »

J'aime ce propos en raison de son caractère plus dynamique dans la présentation des trois profils spirituels que nous investiguons ici. Une valeur est tout le contraire d'une idée figée, arrêtée. Elle ne peut se poser en absolu parce qu'elle a à se situer, se penser avec les autres valeurs. Qu'est-ce qu'une liberté non responsable ? Un amour sans justice ? Et puis, il y a un contexte de vie, de société, d'histoire qui change, et souvent appelle une révision des valeurs. On l'a vu, dans le chapitre précédent, à propos des bouleversements actuels de la nature et de l'avenir menacé : des « valeurs » comme le développement de la technologie qui permet un raffinement des procédés d'extraction (je pense aux gaz de schiste) le sont-elles encore quand elles entraînent la destruction de la vie environnante et menacent gravement les conditions de vie des générations qui viendront après nous ?

Et que dire des valeurs identitaires ? Être fidèle à ce que l'on est constitue certes une valeur, mais ne l'enferme-t-on pas parfois dans une « pensée unique » ? N'en fait-on pas parfois une sorte de moule qui exclut ceux et celles qui sont différents ? Nos sociétés modernes cosmopolites incitent à penser que l'individu a même plusieurs identités. Je suis un homme nord-américain, canadien, québécois, catholique, prêtre, sociologue, retraité, etc. Se définir par une seule identité et s'y cantonner se prête à bien des effets pervers. Amin Maalouf en témoigne dans son livre *Les identités meurtrières* :

> Que signifie le besoin d'appartenance collective, qu'elle soit culturelle, religieuse ou nationale ? Pourquoi ce désir, en soi légitime, conduit-il souvent à la peur de l'autre et à sa négation ? Nos sociétés sont-elles condamnées à la violence sous prétexte que tous les êtres n'ont pas la même langue, la même foi ou la même couleur ? [...] Si une personne ne peut assumer ses appartenances multiples, si elle est constamment mise en demeure de choisir son camp, sommée de réintégrer les rangs de la « tribu », alors nous sommes en droit de nous inquiéter sur le fonctionnement du monde[15].

Maalouf plaide pour un humanisme ouvert qui refuse à la fois l'uniformisation planétaire et le repli sur la « tribu ».

Confrontés à l'enjeu d'une identité exclusive et qui exclut, l'apport libérateur peut venir des valeurs qui se conjuguent toujours au pluriel et qui sont porteuses d'une profondeur spirituelle et d'un partage des convictions.

---

15. MAALOUF, A. *Les identités meurtrières*, Paris, Grasset, 1998, p. 11.

Dans ce domaine, c'est bien la religion qui est la plus encline à se cantonner dans l'absolu. Un absolu dogmatique ou moral. L'intégrisme et le fondamentalisme en sont de tristes illustrations. L'histoire moderne au XXᵉ siècle nous révèle des paradoxes étonnants. On a vu des dictatures laïques devenir par la suite des pépinières de fanatisme religieux. On est ainsi passé d'un intégrisme à un autre. On a aussi observé le chemin inverse, comme nous l'avons fait au Québec où nous sommes passés du « tout religieux » au « tout laïc ». Seules une solide réflexion et l'adoption du principe de l'échange des valeurs peuvent nous aider à discerner ce qu'on a en propre et ce qu'on a en commun et à préciser quelle place une société pluraliste fait aux religions. Qu'on me permette ici de reprendre un mot d'humour du philosophe irlandais Philip Pettit : « Nous, les Anglo-Saxons, notre numération commence avec le chiffre 1, puis, nous additionnons les religions. Vous, les Français, avec la laïcité, vous avez inventé le zéro ! » La révision des valeurs traverse de part en part l'évolution de la société, de la citoyenneté et des débats sur la laïcité et la religion.

On trouve un bel exemple de révision des valeurs dans une redécouverte assez récente du sens de la limite, qui est en train de devenir une valeur incontournable après tant de démesures de tout ordre, y compris, pour ne donner qu'un exemple, cette permissivité qui a produit nos enfants-rois.

Mais la révision peut avoir un autre sens : il suffit d'enlever l'accent aigu : re-vision. Je me demande si le nouvel intérêt pour les valeurs ne serait pas une façon de se donner de la distance, de la vision et d'accéder à un plus vaste horizon. Ce serait une façon de désenclaver un style de vie quasi enfermé dans le plus immédiat, et cela, dans beaucoup de nos pratiques quotidiennes et même de nos objectifs de vie.

Je dois ici m'arrêter un peu plus longuement sur une révision qui me paraît indispensable et même urgente dans notre milieu. Il s'agit de la valeur du « droit ». Comme si la Charte des droits pouvait servir de charte des valeurs ! Voyons d'abord quelques questions :

Se pourrait-il que la multiplication des droits finisse par noyer le droit lui-même ? Face à des phénomènes récents, comme les poursuites-bâillons, on peut se demander si le recours rapide au juridique ne pourrait pas empêcher des débats nécessaires, court-circuiter des requêtes d'approfondissement de la compréhension d'un enjeu important ou rendre difficiles tout simplement des pratiques démocratiques de citoyens soucieux de trouver ensemble des solutions à leurs problèmes.

Quiconque s'en remet au droit et à lui seul pour asseoir la cohésion d'une société ne s'expose-t-il pas à la prolifération de celui-ci et des procès de tout ordre ? La Charte des droits n'est-elle pas utilisée aussi bien par la mafia et les fraudeurs à cravate que par les honnêtes citoyens ?

Tout importants qu'ils soient, les droits ne peuvent se substituer à la conscience, à l'éthique et aux valeurs. Qu'on me comprenne bien, je ne veux en rien sous-estimer le formidable rôle civilisateur du droit dans l'histoire humaine ! Mais le droit ne se comprend-il pas seulement en référence à une valeur ? Après tout, c'est la valeur justice qui fonde le droit, et non l'inverse. Voilà un autre repère pour une révision des rôles qu'on fait jouer aux droits et au droit. Ce serait déjà beaucoup si on consentait à reconnaître et à identifier les limites de cette référence qui tend à se poser en transcendance suprême. Tout au long de l'histoire occidentale, des sages ne nous ont-ils pas tous avertis que quand le tissu des mœurs et des valeurs est déchiré, sinon défait, on est obligé de multiplier les lois, les droits, les règles, les contrôles et les interdits ?

Valeurs et finalités

Voilà pour les trois profils spirituels des valeurs. Ils m'incitent à aborder une autre question qui a beaucoup à voir avec les valeurs : celle, cruciale, des contenus de sens et des finalités. Selon une enquête récente de l'UNESCO, on trouve rarement dans les systèmes d'éducation des finalités autres qu'instrumentales, des logiques procédurales et, parfois, des systèmes dont l'unique sens, le plus déterminant, est de bien fonctionner.

Apprendre à apprendre. Mais apprendre quoi, au juste ? À l'occasion d'une recherche sur les orientations sociales, culturelles, morales et spirituelles, j'ai entendu beaucoup de parents dire : « Un de nos principaux problèmes et défis, ce n'est pas comment transmettre, mais quoi transmettre. » Et à ce chapitre, j'ai eu le choc de me rendre compte que l'éducation comme valeur en elle-même, c'était loin d'être gagné chez les Québécois. Il est difficile de raisonner un jeune décrocheur qui dit à ses parents : « Moi, l'école ne me sert à rien, je peux gagner de l'argent tout de suite. » Il y a là un sacré problème de valeur. Or, c'est justement dans des rencontres qui portaient sur les valeurs que nous avons aidé les parents à trouver une issue à leur impasse. Ici me vient une remarque du professeur athée Jean Duneton qui disait : « L'éducation, c'est tellement une tâche difficile que si tu n'as pas la foi, t'es foutu. » La foi, dit-il… nous parlerons du « croire » un peu plus loin.

La transmission des valeurs, une mission spirituelle

Eh oui, les valeurs font vivre, aimer, travailler, croire et espérer. C'est ce qui m'amène à réfléchir sur leur transmission. Dans mes nombreuses rencontres avec les aînés, les yeux s'allumaient quand j'abordais leur rôle majeur dans la transmission. Je ne devrais pas m'en surprendre, puisque j'ai appris en anthropologie que chez beaucoup de peuples et de sociétés, ce sont les aînés qui sont les principaux transmetteurs de la culture, de l'histoire et de la religion.

Pendant un moment, on a cessé d'accorder de l'importance à la transmission. On est même allé jusqu'à prétendre que « personne ne transmet rien à personne ». Je pense aux jeunes adultes américains qui disaient : « Don't trust anyone over thirty ! Ne te fie à personne de plus de trente ans ! »

On en est heureusement revenu. Un des grands spécialistes de la transmission écrivait : « Sans affiliation à une histoire, sans transmission d'une conscience et d'un langage hérité, il n'y a pas d'humanisation imaginable [16]. »

La spiritualité laïque au quotidien se veut en prise sur les modestes transmissions dans la vie courante. J'ai dans mes notes, une lettre d'un jeune adulte qui exprime concrètement ce que je viens de dire.

« Ce n'est pas leur religion que mes parents m'ont transmise. Du moins, c'est pas ça qui m'a marqué, c'est leurs valeurs. Quoique je soupçonne que c'est leur foi qui a donné de la profondeur à leur vie, à leurs convictions solides, sans compter leur exemple concret au fil des jours. Leur côté laïc, quoi ! J'ai eu une jeunesse "pas mal folle". Il y avait de leurs valeurs qui me "puaient au nez". Étonnamment, ce sont ces valeurs qui ont eu le plus d'impact quand j'ai frappé des murs, quand j'ai dû admettre mes limites, quand j'ai eu à prendre des engagements à long terme aux plans de mes études, du travail, et surtout de l'amour. Leurs valeurs, c'était leur force morale, leur patience, la mémoire de leur parcours, le sens des conséquences de nos actes, l'espoir envers et contre tout. Même leurs défauts m'aidaient à comprendre les miens. C'était ça leur spirituel. Ils m'ont transmit cette "spiritualité laïque", selon votre expression de sociologue théologien patenté ! »

---

16. LEGENDRE, P. *L'inestimable objet de la transmission*, Paris, Fayard, 1995, p. 12.

Cette lettre est d'une actualité étonnante. Remonte en surface la conviction traditionnelle qui soutenait que la transmission était avant tout une affaire d'exemple. On transmet d'abord par ce qu'on est, par ce qu'on fait. J'aime bien ce proverbe : « Il est plus important d'observer ce que fait le sage que d'écouter ce qu'il dit. » À nuancer bien sûr, parce que j'ai en note des exemples d'écoute forts intéressants. Je pense à cette vieille dame de 80 ans qui me confiait : « À 80 ans, j'ai changé mon fusil d'épaule. J'ai cessé de faire la leçon à mes enfants et petits-enfants. Je les écoute beaucoup. Et voilà qu'ils me demandent des conseils. J'ai le goût de vous dire qu'il ne faut pas attendre si longtemps pour faire ce virage. J'étais une vieille haïssable, maintenant je suis une heureuse confidente. C'est pas beau ça ? »

Mais le beau du sens spirituel de la transmission, je l'ai trouvé encore plus dans la lettre d'une infirmière qui a 33 ans d'expérience et de dévouement et dont voici un extrait :

> J'ai vécu au cours des années les glissements à partir du sens de la vocation à la « job », puis de celle-ci au statut de salarié. C'est pas le cas de tout le monde. Mais il y a là une tendance lourde. Mon fils en revenant de son premier cours au secondaire m'a dit que le professeur avait tenu ce propos : « Moi, je suis ici pour faire une job et non par vocation. » Pour mon gars, ça voulait dire : je ne donnerai pas une minute de plus. Il ne pouvait pas mieux briser la transmission à mon jeune adolescent. Je ne veux pas généraliser

ce fait à toute la profession. Mais diable ! La transmission c'est pas une mécanique d'auto, une simple procédure.

La vocation, c'est la plus forte dynamique spirituelle de la transmission. Moi avec les jeunes infirmières, je ne me gêne pas pour les rejoindre dans ce qu'elles ont de plus profond en elles-mêmes. Dire que dans l'Église on a quasiment réservé cette appellation contrôlée aux religieux ! La vocation dans son premier sens est laïque. Par exemple, la maternité, la paternité, l'éducation des enfants, le soin des malades. « C'est ce qu'il y a de plus beau et de plus grand, de plus humain », aurait affirmé Confucius.

Chaque fois que je relis cette lettre, je pense à cette erreur très grave commise au tournant des années 2000 quand le gouvernement du Québec a mis à la retraite anticipée les travailleurs aînés. Par exemple, dans un bloc opératoire, 11 infirmières chevronnées sont parties sans qu'on n'ait élaboré la moindre stratégie de transmission de leur expertise, avec des effets plus ou moins désastreux à court, à moyen et à long terme.

Et on peut remonter plus loin. Par exemple, lorsqu'on a remis les compteurs à zéro par rapport à notre passé (Refus global). On ne fait pas une telle brisure historique et religieuse sans perdre le sens du long terme et de la transmission. Autre exemple, dans la réforme, nécessaire, de l'éducation, il y a une donne dont on n'a jamais parlé, à ma connaissance : c'est que les éducateurs aînés n'ont pas eu grand-chose à dire ou à faire. Parmi ceux-là, il y avait un fort contingent de religieux porteurs d'une valeur spirituelle vocationnelle, et plus compétents qu'on ne l'a dit. Comment expliquer qu'en rappelant pareilles choses dans des débats publics, j'aie été copieusement hué ?

Ce diagnostic exigerait bien des nuances. Par exemple, on dit beaucoup de mal des baby-boomers qui ont fait une coupure générationnelle avec les valeurs de leurs parents. Des critiques sont allés jusqu'à soutenir qu'ils n'ont pas seulement fait cela en amont : ils auraient désappris à transmettre en aval. « Papa, des copains j'en ai en masse, un père je n'en ai qu'un », reprochait un adolescent. Et cet autre qui disait : « Ma plus grande souffrance, c'est qu'il n'y a personne au-dessus de moi. » Avec mon équipe de recherche, j'ai pourtant découvert que beaucoup de baby-boomers sont des grands-parents formidables, de très bons transmetteurs. C'est d'autant plus encourageant qu'ils sont la génération la plus nombreuse dans notre société. On observe que ce renouveau de la transmission est ouvert aux valeurs spirituelles et, phénomène inattendu, que certains renouent avec les valeurs de foi de leurs ancêtres. Cela se joue dans un quotidien, disons, un peu caché.

Toutes ces considérations m'incitent à proposer à mon lecteur de chevet un certain nombre de questions qui donnent à réfléchir.

Est-ce que l'accroissement de la longévité n'apporte pas à l'aîné plus de temps et d'espace pour transmettre ses expériences, ses valeurs, ses convictions spirituelles ? Y-a-t-il beaucoup d'aînés qui font cela ? Et n'y a-t-il pas là une chance à saisir pour penser et mieux assumer son propre parcours de vie ?

Il n'y a pas d'histoire, de culture, de religion, mais aussi de science sans transmission et donc sans tradition, sans mémoire active et développée, sans donner du temps au temps. Nos styles de vie, d'éducation et d'emploi du temps, nos nombreuses heures passées devant le flot d'images de la télévision et des iPhone ou iPad ne sont-ils pas, en raison de leur ampleur massive, des facteurs d'appauvrissement de notre propre réflexion et de notre vie intérieure ?

Que faisons-nous de la question de ces cégépiens qui nous disaient à nous, aînés de différents métiers et professions : « Nous sommes fils-filles de quoi, de qui ? Vous nous dites que nous vivons dans une société d'incessants changements, mais y-a-t-il des continuités dans tout cela ? Et est-ce un tabou, un interdit même de se demander où sont, au milieu de vous, des maîtres spirituels autres que des gourous et des curés ? » On parle ici de laïcs instruits, humanistes, avec une ouverture sur les questions fondamentales de sens.

Voyons un autre exemple qui concerne, celui-là, la transmission de la vie. Je cite un court extrait de ce que deux jeunes adultes ont dit lors d'une entrevue de groupe de 20-35 ans : « Moi, dit un jeune homme de 28 ans, je ne ferai pas d'enfants juste pour continuer. Je veux le faire par goût, pour ce qu'ils vont m'apporter d'affection... me faire grandir... Je veux d'abord aller au bout de moi. » Une jeune mère de deux enfants lui a rétorqué : « Avec ton "me", tu ne feras jamais d'enfant. On ne fait pas un enfant pour soi-même, pour son plaisir. Qu'arrivera-t-il quand tu n'auras plus de *fun* avec lui, vous allez vous décrocher l'un de l'autre ? Tu ne saurais pas l'aimer pour lui-même, l'élever, le rendre progressivement autonome.

« La grande mode pop-psychologique, c'est que l'enfant a tout en lui pour ses besoins. Ça justifie l'autre mode, celle de prétendre s'auto-enfanter. La belle affaire ! Pas de parents, pas d'enfants, pas de transmission, pas de liens contraignants. Au bureau où je travaille, il y en a 7 sur 15 qui n'ont pas d'enfants. Ça fait quoi comme société qui se veut indépendante, comme peuple qui ne se reproduit pas ? »

Y-a-t-il un drame spirituel en-dessous de cela ? Une crise de valeurs ?

Avant de revenir au versant positif des valeurs actuelles et leur transmission, je ne peux escamoter l'examen de ce que nous venons de lire.

Dans son livre intitulé *L'anarchie des valeurs*[17], Paul Valadier nous éclaire sur ce qui se passe dans le tournant actuel. Il montre comment l'avènement, positif, de l'individu autodéterminé comporte un envers problématique pour la transmission. Le sujet individuel seul à décider, conscient de lui-même et revendiquant son autonomie totale est renvoyé à sa solitude avec l'illusion de croire, pouvoir, vouloir ses propres valeurs en solitaire dans un contexte de perte des « assises communautaires traditionnelles

---

17. VALADIER, P. *L'anarchie des valeurs*, Paris, Albin Michel, 1997.

rassurantes », et surtout dans « l'éclatement du tissu des liens sociaux ». Ces propos rejoignent le fort et lucide diagnostic de la jeune mère citée plus haut.

Mais cette problématique ne suffit pas. Il y manque la dynamique spirituelle. Voyons-en un premier exemple.

Des expériences et des études récentes ont montré étonnamment que les gens qui ont une vie spirituelle, intérieure, y puisent un surcroît de force morale pour faire face à leurs épreuves aussi bien physiques que mentales ou autres. Mais il y a plus. J'ai noté, chez ceux qui avaient une solide intériorité, un épanouissement, une saine affectivité, un altruisme fécond.

Mais aucun sujet ne peut se structurer sans lien social, sans ses responsabilités à l'égard d'autrui. Paradoxalement, cette priorité accordée à l'autre est « un mobile fort pour me vouloir à la hauteur des requêtes et donc à apprendre à tenir ma place [18] ».

Ne retrouve-t-on pas ici le positionnement de l'Évangile de Jésus de Nazareth ? Certes, l'Évangile ne se réduit pas à un humanisme de bon ton ; mais, porteur de la loi de l'incarnation, il ne saurait être l'Évangile du Christ s'il n'assumait pas pleinement les valeurs humaines. Paul de Tarse l'avait bien compris, lui qui écrivait aux chrétiens de la ville grecque de Philippe : « Tout ce qu'il y a de vrai, tout ce qui est noble, juste, pur, digne d'être aimé, d'être honoré, ce qui s'appelle vertu, ce qui mérite l'éloge, tout cela, portez-le à votre actif » (*Ph* 4,8).

---

18. *Ibid.*, p. 215.

Ici, sur ce terrain des valeurs, de leur révision et de leur transmission, humanistes croyants et humanistes incroyants trouvent un espace spirituel commun qui commande un mutuel respect. Il en est d'autres, tel le terrain de la recherche de sens, que nous allons maintenant explorer comme autre voie d'accès au spirituel.

III
LA VOIE DE LA QUÊTE DU SENS

L'être humain a comme spécificité un irrépressible besoin de chercher et de trouver du sens à ce qu'il est et au monde qui l'entoure. Un ou des sens qui font vivre, aimer, lutter, espérer. C'est avec du sens que surgissent de nouvelles inspirations et se forgent de solides et durables convictions. Par le passé, les grandes religions et les courants philosophiques jouaient le rôle de pourvoyeurs de sens. Aujourd'hui, chaque individu est laissé à lui-même. Même ceux qui trouvent dans les voies d'hier des réponses à leur recherche le font de manière personnelle : ils choisissent d'embrasser cette vision de l'existence plutôt qu'un autre et ils en retiennent les éléments qui leur semblent riches de sens. C'est un travail intérieur qui ouvre la personne sur au-delà d'elle-même et l'invite à s'établir sur de l'essentiel qui la transcende. En un mot, c'est là une autre voie d'accès au spirituel.

Cela n'est cependant pas clair pour tous. Certains esprits critiques disent que la référence « quête de sens » est aujourd'hui un cliché, une coquille vide. Pour d'autres, beaucoup de nos contemporains ne cherchent plus, assis, sinon blindés et arrêtés sur quelques certitudes passe-partout soit psychologiques, soit religieuses, ou sur des « crédulités » à la mode telle l'astrologie. Donc, comme s'ils ne posaient plus de question ! Et puis, il y a ceux dont la vie et l'intériorité seraient tellement éclatées qu'il leur est impossible de chercher du sens. Une profonde confusion, quoi !

Malgré ces réserves qui ne sont pas sans fondement, on ne peut contester le fait que beaucoup de gens aujourd'hui se posent des questions qui concernent le sens de leur existence et celui d'un monde qu'ils jugent sens dessus dessous. Écoutons un témoin de cette quête :

« Comme bien des citoyens, j'ai de plus en plus le sentiment de vivre dans un monde rempli d'absurdités. Je le vois en politique, en économie, dans les sports extrêmes, dans les modes ésotériques, dans le règne du n'importe quoi. On ne sait plus ce qu'est la normalité, le sensé ou ce qui est moral. Et moi je me dis que le sens, la sagesse, le jugement, c'est peut-être ce dont nous avons le plus besoin. Je me demande même si ce n'est pas là le nouveau spirituel. J'entends par spirituel ce qu'il y a de plus profond en nous-mêmes. Un peu comme ce qu'on appelait autrefois "la voix de la conscience". »

En l'écoutant, je pensais à Blaise Pascal qui disait que « l'enjeu principal, c'est de savoir bien penser ».

Dans son ouvrage *La défaite de la pensée*[19], A. Finkielkraut soutient qu'il n'y a pas de pensée et d'intelligence du spirituel sans travail sur soi. À cela, il oppose une certaine critique de la post-modernité. « Nous vivons à l'heure des "feelings". Il n'y a plus ni vérité, ni mensonge, ni beauté, ni laideur, mais une palette infinie de plaisirs différents et égaux. Réduction de la culture à la pulsion du moment... » (p. 142). C'est l'ère du « Laissez-moi faire de moi ce que je veux ». Aucune autorité transcendante, historique ne peut infléchir les préférences du sujet postmoderne. Muni d'une télécommande dans la vie comme devant son poste de télévision, il compose son programme. Libre de lâcher prise sur tout, il peut s'abandonner à l'immédiateté de ses passions élémentaires.

On ne saurait mieux dire qu'il y a là un des plus sérieux obstacles à l'accès au spirituel, surtout quand on sait que la dynamique spirituelle doit s'accompagner de patientes exhumations. Il en va de nos aventures spirituelles un peu comme de la lente et dure exploitation des filons d'or et de diamants dans le centre de la terre en dépit de l'opacité de la pierre.

Il y a bien des façons d'aborder la quête de sens et ses fondements spirituels. Empruntons la voie traditionnelle de la sagesse.

---

19. FINKIELKRAUT, A. *La défaite de la pensée,* Paris, Flammarion, 1987.

Les fondements spirituels de la sagesse

Le terme sagesse apparaît à première vue comme un vieux mot usé, « pépère », miteux. Hier encore, la sagesse était vécue et identifiée à une philosophie de la vie, un jugement et un discernement judicieux. Elle embrassait toutes les dimensions de la vie. Elle fédérait le bien vivre, le bien agir. Un « pensez-y bien », disaient nos ancêtres. Elle était porteuse de convictions cultivées patiemment et muries comme un beau fruit. Elle incitait à se donner une profondeur morale et spirituelle. Elle impliquait une distanciation du vécu à l'état brut et de soi-même. Elle constituait ce qu'on appelait communément une « philosophie de la vie » – et comment ne pas rappeler, en passant, qu'étymologiquement, philosophie signifie « amour de la sagesse » ?

Rien ici d'une opinion immédiate et inconstante comme une réponse qu'on donne en dix secondes à un sondage. Tout le contraire de l'émotion livrée à la pulsion immédiate, comme dans nos téléromans actuels où plusieurs dialogues ne durent qu'une minute ou deux, avec pour seul critère d'évaluation l'émotion qui donne tout : l'intérêt, l'attention, le vrai sens, la note juste, la grosse cote d'écoute et le succès. Non : la sagesse sait donner du temps au temps pour réfléchir, comprendre et s'autocritiquer.

C'est Rabelais qui a dit : « Science sans conscience est ruine de l'âme. » La science, toute précieuse qu'elle soit, ne peut remplacer la sagesse, ce qui n'empêche pas cette dernière d'intégrer des connaissances. Ce qu'on peut dire de la science, je le dis d'abord de la technologie à cause de son importance majeure aujourd'hui. Nous explorerons ensuite les profondeurs spirituelles de la sagesse et ses liens avec la conscience et l'âme.

De la high-tech à la high-touch

Le jeune Michel de 17 ans a de très bonnes relations avec son grand-père. Ils se parlent vrai tous les deux. Le grand-père dit à Michel : « Tu passes des heures et des heures à naviguer sur Internet, sur Facebook, sur Twitter ; avec ton iPad et ton iPhone, tu communiques avec un tas de gens jusqu'au bout du monde. Mais tu communiques si peu avec nous, tes proches ! Tu es tout entier dans ta machine. Tu risques de désapprendre à goûter ta vie réelle. Pourtant, c'est elle qui peut te rendre plus humain. »

Un ami anglophone me disait qu'il faudra beaucoup de sagesse pour amener la *high-tech* à la *high-touch,* c'est-à-dire pour donner de hautes touches humaines à une technologie qui a envahi toute notre vie quotidienne, pour le meilleur et pour le pire.

Nicolas Carr a montré qu'Internet, par sa nature même, peut parfois nuire à notre capacité d'attention et favoriser la dispersion mentale[20]. La nécessité d'évaluer les liens et d'effectuer des choix de navigation sur la Toile s'accompagne d'un tas de stimuli sensoriels fugaces, ce qui rend problématique la capacité

---

20. Lire son article passionnant « *Est-ce que Google nous rend idiot ?* » à l'adresse http://www. internetactu.net/2009/01/23/ nicolas-carr-est-ce-que-google-nous-rend-idiot/, ou son ouvrage *Internet rend-il bête ?*, Paris, Robert Laffont, 2011.

de compréhension. C'est le cas des enfants exposés à ces flots d'images, qui peinent à suivre les raisonnements même les plus simples. Des recherches similaires auprès d'adultes relèvent le même problème.

On ne compte plus les exemples de non sens même dans les technologies les plus avancées, telle la fabrication technobiologique d'enfant sans père. Je pense encore à ce généticien de New York qui s'insurge contre le fait qu'on est en train de vendre le génome humain à Wall Street : le décodage du génome humain n'est-il pas ce que nous avons de plus précieux ? Comment peut-on le réduire à une logique de marché ? Autre exemple de non sens : l'automatisation des échanges financiers et boursiers amène le grand financier Warren Buffet à penser qu'on est en train de créer une machine économique que plus personne ne contrôle. Et que dire encore de l'horreur de ces drones qui permettent de tuer l'adversaire à des milliers de kilomètres de distance sous la pression d'un bouton par une personne qui n'a rien d'un combattant sur le terrain ? Une sorte de « déshumanisation de la guerre » (qui est pourtant déjà quelque chose de tellement inhumain !). Oui, la technologie de pointe peut faire beaucoup pour la vie, comme en chirurgie, mais que de graves menaces elle peut faire planer pour la vie sur terre !

Déjà, les premières pages de la Bible nous rappellent que Dieu nous a confié la planète qui est la plus chère à ses yeux. « Remplissez la terre et dominez-la. Soumettez (en hébreu : *ouredou)* les poissons de la mer, les oiseaux du ciel et toute bête qui remue sur la terre » (*Gn* 1,28). Le verbe hébreu *rada* est très fort pour marquer notre mission d'humaniser la terre, la vie, mais aussi nos rapports entre nous, nos défis de justice face aux inégalités croissantes. L'évangile du jugement dernier nous incite à y travailler selon nos limites et nos moyens : « J'avais faim et vous m'avez donné à manger. J'étais nu et vous m'avez vêtu » (*Mt* 25,35-36). Le degré d'humanité d'une société, mais aussi de notre conscience personnelle, se mesure au sort de ceux qui n'ont que leur humanité à mettre dans la balance.

Mais il est aussi une autre touche humaine qui relève du spirituel. La première expérience spirituelle se loge dans les profondeurs de notre humanité. On peut accumuler les biens et les choses matérielles. On peut utiliser la technologie pour faire tout très vite, y compris des transits de milliards de dollars en quelques secondes. Mais la nature, la vie, l'expérience humaine n'arrivent pas à suivre cette vitesse quasi infernale. Les expériences humaines les plus heureuses et fécondes sont celles qui ont pris le temps de mûrir. Ça vaut pour la vie, l'éducation et l'amour.

Je vais donner un autre exemple d'une démarche humaniste où l'on réfléchit sa foi à partir d'une réalité du quotidien porteuse d'un enjeu humain, d'un terrain séculier à la fine pointe de la technologie moderne utilisée par des centaines de milliers de personnes de tous âges.

C'est la réflexion d'un couple d'amis juifs à propos d'un moment biblique très important qui m'a inspiré. « Habituellement, disaient-ils, l'épisode du veau d'or dans la Bible (voir *Ex* 32) est interprété comme la substitution du culte de l'argent à celui de Dieu. On oublie ici qu'il s'agit aussi de l'idolâtrie de la technique la plus avancée de ce temps-là. » Quel bel exemple d'une réflexion spirituelle à partir d'une technologie du quotidien! C'est à partir de cela que j'ai trouvé un exemple contemporain de l'idolâtrie. La mort de Steve Jobs, l'inventeur de l'iPhone, causa un émoi planétaire. Les centaines de lampions déposés au pied des boutiques « *Apple* » du monde entier ont révélé une sacralisation religieuse de cette technologie et de son inventeur. Comment expliquer le pouvoir d'ensorcellement de l'appareil multimédia portable dont plusieurs sont de plus en plus esclaves? « L'iPhone devenu intelligent à notre place fait des personnes, des lieux et du savoir des choses que l'on peut toujours tenir sous la main », écrit le philosophe François Doyon[21].

Comment résister à la tentation d'éviter de perdre du temps à apprendre des choses que l'iPhone et le iPad peuvent savoir à notre place? Le jeune philosophe poursuit : « La calculatrice nous dispense de savoir compter, le GPS de savoir lire une carte, les logiciels de correction du français de connaître les règles de grammaire. Cela dispense d'apprendre, de comprendre, de penser, de bien juger par soi-même, de se construire intérieurement. »

Deux versants de la sagesse

Pendant trente ans, j'ai été membre d'un groupe réunissant une fois par mois des gens de différentes professions. Un soir, la réflexion portait sur le sens qu'on voulait donner à notre travail en termes humanistes et spirituels.

---

21. « L'ensorcellement de l'iPhone. Heidegger y verrait un signe de décadence », *Le Devoir*, 22 octobre 2011, p. B6.

En cours de route, on en est venu à réfléchir sur la sagesse, « cette qualité fondamentale nécessaire plus que jamais aujourd'hui », disait l'un d'entre eux. Tous les champs humains de vie, de travail, d'éducation, de famille, de choix de société sont largement tributaires de sagesse pour des attitudes et des comportements sensés. Un participant nous a posé une question qui a suscité beaucoup d'intérêt dans le groupe :

« Plus j'ai avancé dans mes études, plus je devais éviter les jugements de valeur, car ce n'était pas scientifique, objectif, trop subjectif, et surtout moralisateur, et bien sûr non professionnel. Et pourtant, tout au long de ma vie professionnelle, j'ai été confronté à des jugements de valeur, à des discernements justes, à des enjeux moraux.

« Dans tout mon itinéraire de formation, je n'ai jamais été initié à des jugements de valeur judicieux, humanistes et même spirituels, à une sagesse quoi ! Dans mon milieu professionnel, on reconnaît le fait que la plupart des problèmes actuels ont des incidences morales y compris sur nos propres terrains d'intervention, mais dès qu'on fait face à un problème concret, c'est la fuite de tous et chacun. Toute référence explicite à la morale est souvent rejetée par crainte du moralisme et de ses travers. Étonnante esquive quand on sait que l'éthique est une réflexion sur la morale. Aucun manuel de déontologie ne peut remplacer la capacité et l'acceptation d'exercice concret d'éthique, de jugement de valeur, de sagesse. »

Disons-le clairement : la culture actuelle ne facilite pas la quête de sens. Non seulement elle a des règles, explicites ou implicites, comme l'illustre ce témoignage, qui en disqualifient les opérations essentielles, mais elle ne présente que des pièces détachées plus difficiles à assembler que certains meubles qu'une personne moyenne devrait prendre quelques minutes à peine à monter. D'autant plus qu'il ne suffit pas de rapprocher des éléments de sens recueillis à l'état brut. Il faut les interpréter pour pouvoir, par eux, interpréter son monde et sa vie.

L'enjeu crucial de la fonction interprétative

Il y a présentement une gestation des consciences qui tient d'un discernement spirituel. Cette démarche que facilitait autrefois l'aire institutionnelle des Églises s'en démarque aujourd'hui très souvent. Le catholicisme, particulièrement des derniers siècles, a été dominé par les clercs qui se réservaient la fonction interprétative dans un cadre autoritaire qui réclamait une obéissance inconditionnelle. Elle se déroule aujourd'hui en terrain séculier et chacun s'y engage comme s'il voulait se réapproprier personnellement son propre « Je crois ».

Dans le cadre d'une recherche que j'ai dirigée il y a plusieurs années, un de nos interviewés affirmait : « Si j'étais un bon catholique, j'obéirais à la baguette, mais je ne le suis pas, parce que moi, j'interprète. En cessant de pratiquer ma religion, il a bien fallu que je me demande à qui, à quoi je crois. » Ces propos nous renvoient plus largement au cœur de l'expérience spirituelle où la fonction interprétative joue un rôle crucial. Car l'expérience spirituelle est non seulement un domaine de convictions personnelles, mais aussi de discernement, de recherche, de doutes, d'incessants questionnements, de rencontre profonde avec le mystère, d'indicible et d'ineffable, de paris de sens, d'aventure intérieure, de nécessaire confrontation avec les autres, de « foi partagée », comme disait si bien Fernand Dumont. Une des questions que nous posions dans notre recherche était : « Quand et comment avez-vous dit votre premier "Je crois" véritablement en votre nom personnel ? » C'est là que nous avons découvert le plus explicitement ce fort mouvement plus ou moins souterrain de réappropriation personnelle et subjective de l'expérience spirituelle, et des perles d'un discernement fort pertinent.

Cette mouvance intérieure de réappropriation s'inscrit dans une tendance culturelle qui commande bien d'autres réappropriations et où l'on est soucieux plus que jamais peut-être, d'ouvrir son propre chemin, d'aventurer sa propre histoire personnelle, de vivre ses appartenances en y mettant ses propres touches et de concevoir de bout en bout chacune des étapes de la vie comme une nouvelle chance de croissance. On ne parle pas sans raison « d'itinéraires spirituels » là où la personne cherche à passer de bien des errances à une itinérance qu'elle veut à la fois mieux balisée et plus libre et où la première transcendance est au-delà du plus intime de soi-même.

Évidemment, ce cheminement positif s'accompagne aussi de travers et de dérives. Car de soi à soi, il n'y a pas de chemin. Ce solipsisme contredit et même tue le spirituel en tant qu'aventure intérieure ouverte sur plus grand que soi, sur les autres et l'Autre, sur des horizons dont l'individu ne peut être la mesure.

Il n'y a pas de discernement, même spirituel, sans distance sur soi, sans altérité, sans reconnaissance d'un « manque » qu'on ne peut seul combler. Comment ne pas déjà reconnaître ici, sous une forme sécularisée, des requêtes de salut dans nos graves drames d'aujourd'hui !

Ces propos invitent à penser que plusieurs contemporains qui renouent avec l'expérience spirituelle cherchent justement en celle-ci un chemin libérateur pour sortir d'une culture narcissique qui finit par enfermer l'individu sur lui-même, en lui-même, et aussi pour ouvrir un monde livré uniquement à son immanence sous un ciel fermé. Une certaine « resacralisation » du cosmos, assez répandue dans certains milieux, s'explique peut-être par l'étouffement qu'on ressent dans une société où tout se joue à court terme dans presque tous les domaines. Comme si on avait besoin de sommets où l'on respire mieux sa vie et son âme, avec des horizons autres que ceux des pulsions et des désirs du moment. Bref, une expérience spirituelle qui élargit, rehausse le temps et l'espace. Le « vide » évoqué par plusieurs de nos témoins était souvent corrélé au spirituel tout autant qu'au sens.

Il m'arrive de penser que cette nouvelle gestation des consciences est en avance sur la logique dominante instrumentale, procédurale et mercantile de la technobureaucratie, de l'économie et de l'univers omniprésent de la consommation. Mais comme elle peine à se frayer un chemin jusqu'à la lumière et trouver des partenaires et des accompagnateurs !

Je viens de terminer un mandat de quatre ans comme citoyen dans une Régie régionale dédiée aux problèmes sociaux et de santé. On n'y a même pas accordé une heure ou deux à réfléchir sur le sens de ce que nous faisions, au-delà de nos objectifs organisationnels et fonctionnels, fût-ce pour s'interroger sur ce qui se passe chez les gens, objets de nos interventions. Une seule fois, une psychiatre, atterrée par la multiplicité et la complexité croissantes des problèmes mentaux, psychiques et physiques de ses patients, a pris la parole pour dire : « Y a-t-il un lieu, un temps où je pourrais partager avec d'autres les questions de sens que soulèvent tant de drames actuels ? » Sa question est tombée à plat. On n'avait pas de temps à consacrer à ce genre de démarche. Au même moment, dans le cadre de la recherche que j'ai évoquée tout à l'heure, j'entendais des gens qui remettaient de l'avant la question du sens, et ce même lorsqu'ils disaient ne pas voir de sens : « On ne comprend plus ce qui se passe, on se sent impuissant. » Voyez comment l'impuissance est aussi tributaire du manque de sens !

S'il n'y a à peu près pas de lieu où la quête de sens puisse être discutée et faite en commun, comment s'étonner que chez les uns, elle prenne le chemin du spirituel, et chez d'autres, elle emprunte celui des enjeux sociaux ou celui de la philosophie ? Il faut impérativement trouver des manières de réintégrer cette quête dans le tissu social.

Récemment, j'ai été invité comme personne-ressource dans trois congrès : santé mentale, personnel clinique et de recherche, et centres de jeunesse. Je cite ici quelques-uns des propos que j'ai tenus à l'aval de ces trois rencontres, en conférence de clôture.

« En terminant, permettez-moi de résumer cet exposé avec un appel qui m'habite comme un de vos aînés. Un appel à la fois complice, critique et plein d'espoir.

« Quand je fais une lecture seconde des expériences de réhabilitation que vous avez réussies dans vos initiatives et démarches heureuses d'intervenants comme praticiens, chercheurs ou cliniciens, je découvre que des jeunes ont souvent rebondi lorsqu'ils ont trouvé avec vous un sens éclaireur, libérateur et motivateur. Un sens à leur passage de vie, un sens à leur épreuve, un sens qui ressuscite leur idéal enfoui, et quelques fois, un sens à leur révolte porteuse d'une conscience en friche, en quête de lumière et d'ensemencement. Ce qui nous renvoie à la qualité de nos propres profondeurs morales et spirituelles où se logent les ressorts les plus décisifs de la conscience et de l'âme humaine. Il m'arrive de souhaiter des recherches sur cette dynamique fondamentale et existentielle du sens dans les processus de réhabilitation, sur ses différentes formes d'éclosion et de cheminement. Je ne suis pas sûr que nous ayons exploré vraiment les potentialités de cet ordre dans le nouvel art de vivre au meilleur de notre modernité, ces nouveaux sens qui rehaussent nos consciences, notre humanité. La pertinence de notre travail est largement une affaire de conscience et d'âme, tributaire de la qualité de notre propre philosophie de la vie et de la finesse de notre analyse culturelle. Personne de vous ne peut dire que ce n'est pas son créneau. Les appels actuels des jeunes même les plus paumés sont marqués par ces nouvelles sensibilités et ces nouveaux sens tapis dans la conscience moderne qu'il faut dégager et cultiver.

« Nos techniques de résolution de crise me semblent trop pauvres philosophiquement, culturellement et spirituellement. Pauvres autant au plan d'une solide culture humaniste qu'au plan de la culture religieuse. C'est un appel que je vous lance respectueusement et non une condamnation. Il y a bien des formes d'analphabétisme. Celle-ci est aussi tragique que les autres. Au soir de ma vie, c'est là une de mes plus grandes peines qui n'a rien d'une quelconque nostalgie passéiste, moralisatrice ou confessionnelle. L'âpreté et la profondeur des problèmes et des défis que nous pose cette large cohorte fragilisée de la jeune génération appellent en nous-mêmes une meilleure prise sur les sources et ressources de dépassement de l'âme humaine, sur des horizons de sens mieux déchiffrés. "Nous sommes ce qui nous survit", disait Erikson, un de nos grands maîtres à penser en notre domaine d'intervention. »

La personne humaine vit mal l'absurde qui déséquilibre son sens naturel de l'ordre et du caractère sensé de l'existence et de la vie. Qu'elle recherche le sens avec angoisse ou sereinement, de façon méthodique ou à tâtons, elle ne s'arrête que lorsqu'elle a trouvé et choisi. Pour plusieurs dont je suis, c'est encore dans la religion qu'elles le trouvent, et elles peuvent faire leur la célèbre parole d'Augustin : « Tu nous as faits pour toi, et notre cœur est sans repos tant qu'il ne repose pas en toi ! » Mais pour un nombre croissant de mes contemporains, c'est sur des chemins tout autres et souvent mal balisés qu'il faut avancer pour créer du sens dans l'acte même de marcher. Si pour les croyants, la sagesse est un don de Dieu, comme nous le verrons un peu plus loin, pour les autres, elle s'acquiert par un patient effort de discernement, comme je l'ai évoqué.

À l'écoute de ces femmes et de ces hommes courageux, il m'est arrivé de dégager huit composantes nécessaires pour une véritable sagesse pertinente, inspirante, bienfaisante, bien fondée spirituellement, bien campée dans la vie réelle, avec une capacité de se renouveler sans cesse. Ces composantes se retrouvent dans ce « quotidien » près duquel ce livre cherche à demeurer.

1. Savoir bien aimer. Et savoir ranimer la flamme, pour des amours et des amitiés qui traversent la vie. Et puis se dire que prétendre tout connaître de l'autre, c'est risquer de ne plus pouvoir le comprendre.

2. Savoir bien juger les choses de la vie. Et discerner le nécessaire, l'utile et le futile. Aujourd'hui la sagesse, c'est de toujours se recentrer sur l'essentiel. Et puis se convaincre qu'on ne possède pas la vérité et qu'on a besoin de la vérité des autres.

3. Le sens du pain quotidien à gagner. Et du pain à partager. Quand on perd le sens du partage du pain, on perd le sens tout court. Ce qui compte, dit Jésus de Nazareth, ce n'est pas ce qui entre dans la bouche, mais ce qui vient du cœur.

4. Le respect des autres. Et plus, le souci concret de ceux qui sont dans le besoin. Rien de plus humain que de prendre soin et de réconforter ceux qui vivent une épreuve, petite ou grande.

5. Combiner les valeurs douces de tendresse et les valeurs fortes de courage. On trouve ces deux registres de valeurs aussi bien dans l'Évangile que dans le meilleur de l'humanisme. « La vie m'était comme un cheval de race dont j'épousais tous les mouvements, mais c'était après l'avoir dressé » (Marguerite Yourcenar).

6. Une bonne et solide fibre morale avec un sens aiguisé des responsabilités et une fidélité à ses convictions profondes. Un solide socle en soi et une forte fibre, pour contrer les valeurs molles, la conscience molle et la foi molle.

7. Être un bon citoyen soucieux du bien commun et capable de vivre ensemble. Nul n'est une île. Ne pas gaspiller les ressources publiques dans la poursuite de son unique intérêt personnel.

8. Avoir de l'âme, c'est-à-dire donner à sa vie plus de profondeur, plus d'espérance et plus de foi pour foncer dans l'avenir. L'âme, c'est le meilleur aussi bien chez soi que chez les autres. À quoi bon les richesses matérielles, si on est vide en soi ? Une autre conviction que partagent aussi bien l'Évangile que l'humanisme moderne.

Pour réussir son humanité, sa vie et sa foi, on a besoin de ces huit composantes. On ne peut en laisser tomber une seule.

Les grandes questions de la vie et de la mort, et du sens de tout cela, hantent les esprits de tous les êtres humains. Certains, comme les philosophes, s'y confrontent de manière théorique, dans les hautes sphères de la spéculation. D'autres, comme les sages, le font de manière pratique, au ras du sol, à partir de la manière dont elles affleurent dans le quotidien. Comparons ces deux approches pour terminer.

Un point de vue laïque, celui du philosophe Luc Ferry

Je me définirais volontiers comme un chercheur d'une spiritualité laïque dont il y a des exemples dans l'histoire : la mythologie grecque, le stoïcisme, et peut-être même une partie du bouddhisme (encore que vu d'un peu plus près, il soit tout rempli de dogmes)… en tout cas l'essentiel de la philosophie et l'interrogation sur ce que peut signifier cette expression volontairement paradoxale : spiritualité laïque…

La philosophie va redevenir ce qu'elle était fondamentalement dans l'Antiquité, à savoir, comme la religion, une doctrine du salut, mais lucide, par la raison et par soi-même, plutôt que par Dieu et par la foi. Cela est vrai de toutes les grandes philosophies, y compris les plus laïques, y compris les plus matérialistes. Même Spinoza, même Nietzsche, même Heidegger sont, en dernière instance, d'immenses penseurs du salut. Le salut, d'après le dictionnaire, c'est le fait d'être sauvé d'un grand danger ou d'un grand malheur. De quel grand danger, de quel grand malheur s'agit-il ici ? On y revient toujours : c'est la question de la finitude et de la mort, et notamment du deuil de l'être aimé. Spinoza nous parle de la béatitude, Nietzsche de l'innocence du devenir et de l'*amor fati*, Heidegger de sérénité, de *Gelassenheit*... Tous trois cherchent à nous indiquer in fine les voies de la vie bonne, hors illusion, en toute lucidité... C'est en ce point, et nulle part ailleurs, qu'apparaît la grande différence, la différence fondamentale entre spiritualité religieuse et spiritualité laïque ou philosophique[22].

Un point de vue croyant, celui de la sagesse biblique

Ce que l'Antiquité appelait « sagesse » visait une judicieuse façon de conduire sa vie. Elle débouchait sur un souci moral et religieux. La sagesse a été l'humanisme de l'Antiquité, et elle a été commune à toutes les cultures de l'Ancien Orient. L'Égypte et la Mésopotamie ont développé une grande littérature sapientielle dont de larges pans ont subsisté. La Grèce antique a connu ses « sept sages » et leur sagesse se muera en philosophie, en civilisation. La tradition des Juifs d'Alexandrie qui nous a donné la première traduction en grec (la Septante) identifie dans la Bible hébraïque cinq livres rapportés au courant de la sagesse.

Un rapide survol de ces livres[23] laisse voir clairement combien elle est une recherche de sens, une « spiritualité au quotidien ». Comme ailleurs dans l'Antiquité, la sagesse désigne *l'art de bien*

---

22. Tiré de Mgr Philippe BARBARIN et LUC FERRY. *Quel devenir pour le christianisme ?*, Paris, Albin Michel, 2009, p. 49.

23. J'emprunte l'essentiel de ces propos à Pierre Grelot dans son article sur la Sagesse, dans *Vocabulaire de théologie biblique*, Paris, Cerf, 1988, p. 1170-1177.

vivre. Pour les sages de la Bible, la recherche d'une vie qui a du sens s'exerce dans la curiosité à l'endroit des choses de la nature. Ils les admirent et apprennent à y voir la main puissante de Dieu. Mais ils se préoccupent avant tout de savoir comment conduire leur vie pour obtenir le bonheur vrai et le succès. Et cela commence de manière très concrète dans l'exercice du métier et de l'art : dans la Bible, toute personne experte en son art porte le nom de sage ; et le sage par excellence, c'est l'expert en l'art de bien vivre. C'est un observateur fin de l'humanité et de ses comportements sur lesquels il jette un regard lucide et sans illusion ; il en connaît les tares, et conclut qu'il y a des voies qui mènent dans des impasses de sens. Psychologue, il sait ce qui se cache dans le cœur humain. Mais le sage biblique ne se cantonne pas dans ce rôle d'observateur. Éducateur-né, il trace des règles de vie pour ses disciples : prudence, modération dans les désirs, travail, humilité, pondération, retenue, loyauté du langage. Il enseigne les chemins qui conduisent à une vie quotidienne pleine de sens.

Si pour la révélation biblique, la sagesse est un don de Dieu, ce don est un don exigeant. Le recevoir et le mettre en œuvre est une affaire de discipline. On n'y arrive pas sans accorder une large place à l'expérience et à la réflexion humaine. Selon Sirac le Sage, Dieu créa l'homme et le livra « à son propre conseil » (*Si* 15,14) et Jésus dira à ses disciples : « Pourquoi ne jugez-vous pas par vous-mêmes de ce qui est juste ? » (*Lc* 12,57).

En guise de conclusion

C'est en vivant sa vie qu'on en trouve le sens, et en la vivant selon certaines valeurs qui ont fait leurs preuves, comme on l'a vu au chapitre précédent. Si les uns reconnaissent que cette sagesse réside en Dieu et en sa révélation, non pas comme quelque chose d'extérieur au monde mais comme « jouant dans l'univers terrestre », comme on le lit dans le *Livre des Proverbes* (8,31), les autres parviennent à la « vie sensée » par des chemins analogues.

Une fois de plus, croyants et incroyants se retrouvent, sur ce plan et par des voies différentes, compagnons de route.

Et puis, jusqu'où faut-il forcer cette distinction entre croyants et incroyants ? Pourquoi, en particulier, définir des gens par ce qu'ils ne sont pas ? N'y a-t-il pas chez les incroyants des êtres de fortes convictions tout comme il y a, chez les croyants, des êtres victimes de la crédulité la plus naïve ? Peut-être vaut-il alors la peine de s'arrêter un moment sur le « croire » comme élément d'un humanisme spirituel vers lequel tous deux convergent.

IV
LA VOIE DU « CROIRE »

On pourra s'étonner de ce qu'une réflexion sur la spiritualité laïque au quotidien comporte une section sur le « croire ». Y aurait-il donc un « croire » des esprits laïcs ? Le « croire », en effet, continue d'être associé à l'expérience religieuse. Ce lien pouvait s'entendre dans les sociétés sacrales qui nous ont précédés, y compris dans la chrétienté d'hier, chez nous. Mais qu'en est-il du « croire » dans les sociétés occidentales sécularisées ? Qu'on soit un esprit laïc ou un esprit religieux, la question se pose à tous de façon neuve.

Poursuivant le dialogue entre spiritualité humaniste et spiritualité des croyants amorcé depuis le début de cet ouvrage, je ferai mention de la crise actuelle du « croire », de tous les « croire », ainsi que de ses effets. Je présenterai ensuite quelques éléments du « croire » comme voie d'accès au spirituel dans une perspective laïque, pour les reprendre ensuite sous l'angle de la spiritualité chrétienne.

Le « croire » au quotidien

Dernièrement, quelqu'un m'a dit : « Vous, vous croyez, moi je sais. » Cette condescendance a de quoi me faire sentir disqualifié pour entreprendre cette réflexion sur le « croire » ! Mais… peut-être que je sais des choses sur le « croire » ? Trêve d'humour, je plonge dans la marmite des « croire » et des « non-croire » de tous ordres.

C'est un des précieux acquis de notre époque : nous avons compris que le « croire » est inhérent à l'expérience humaine au quotidien. Il existe un « croire » humain qui est comme antérieur au « croire » religieux. Ce « croire » se situe aux confins des valeurs et de la quête de sens que j'ai présentées comme deux voies d'accès au spirituel.

En effet, élire certaines valeurs est une affaire de foi. Une personne croit qu'en s'appuyant sur telle ou telle valeur et en fondant sur elle ses engagements, elle sera plus heureuse, plus elle-même, ou que le monde sera meilleur. Mais il n'existe, bien sûr, aucune preuve de cela. Aucune valeur ne s'impose de manière impérieuse : choisir une valeur, que ce soit la vie, la justice ou la beauté, c'est croire qu'elle « vaut », pour soi ou pour le monde. C'est décider, sans preuve contraignante, d'en faire un point de repère pour ses choix et ses décisions. Mais cet acte de foi est toujours matière à débat, même quand il s'agit de valeurs qu'on croit communément acquises, comme le respect.

De même, la quête de sens repose déjà sur un acte de foi : la foi qu'il y a du sens, dans le monde et dans sa propre vie, plutôt que de l'absurde. C'est loin d'être évident. C'est un pari. Il faut choisir de « croire » que l'existence vaut la peine d'être vécue, que ce monde est fondamentalement bon, que nous avons une réelle capacité de façonner, par nos décisions et nos actes d'aujourd'hui, l'avenir de nos enfants et de nos petits enfants.

Non, « croire » n'est pas une simple affaire de religion, ou plutôt, « croire » est, justement, une manière de « faire des liens » (*religare*) et de les faire autour d'une ou de plusieurs réalités revêtues d'un cœfficient d'absolu. On pourrait en dire autant de la conscience morale dont il sera question dans une prochaine section.

À mon avis, c'est une avancée importante de la modernité que cette découverte que le « croire » relève de notre condition d'homme avant même d'être une affaire de religion. Jean-Claude Guillebaud le rappelle dans son ouvrage *La force de conviction*[24] : « Nul ne peut vivre sans croyance. Aucune société humaine ne peut se tenir debout sans une conviction minimale qui la maintienne debout. »

La crise du « croire » et ses effets

Mais le « croire » est en crise, aussi bien sur le terrain séculier que sur le terrain religieux. Quand notre « croire » personnel ou notre « croire » collectif est affaibli, la confiance fait défaut, une certaine méfiance s'installe. C'est Hans Jonas qui souligne que ce n'est pas seulement du monde que nous nous méfions, ce n'est pas seulement des croyances des autres, c'est aussi de nous-mêmes.

---

24. GUILLEBAUD, J.-C. *La force de conviction*, Paris, Seuil, 2008.

D'autres disent qu'aujourd'hui, il est plus difficile de croire en l'homme que de croire en Dieu. Oui, le « croire » est aujourd'hui en crise et cette crise se manifeste de différentes façons.

Des recherches récentes ont révélé que chez plusieurs esprits religieux, même actifs et pratiquants, croyance et incroyance se disputent au fond d'eux-mêmes. Une délicieuse vieille dame italienne de ma paroisse m'a raconté un jour : « J'ai dit à des Témoins de Jéhovah, au demeurant fort sympathiques : "Vous perdez votre temps avec moi, je ne crois plus à ma propre religion, même si elle est la seule vraie !" » J'observe aussi avec perplexité le phénomène inattendu d'une permanence de la crédulité chez les instruits comme chez les non instruits. Et à travers tout cela, je discerne une tendance grandissante à chercher un « croire spirituel » qui donne plus de sens et de profondeur à la vie.

Il ne manque pas d'esprits critiques qui remettent en cause toute forme de transcendance et de valeurs. C'est alors le triomphe du relativisme. D'accord pour telle ou telle valeur : mais sur quoi se fondent radicalement ces valeurs ? Lors d'une enquête, une jeune fille de 16 ans disait : « J'ai besoin de croire à beaucoup plus grand que moi pour relever mes défis et réaliser mes projets. » C'est comme si face à la vie devant soi, elle avait besoin d'échapper à une sorte de nivellement par le bas qui l'empêcherait de voir sa propre capacité d'humanité.

L'actualité nous fournit malheureusement mille raisons de douter de cette capacité d'humanité de l'être humain, et face aux « crimes contre l'humanité » et autres dérives, seul un acte de foi permet de la tenir pour certaine. L'angoisse engendrée par la destruction rapide des assises de la vie sur la terre ou par les violences malheureusement souvent glorifiées, entre autres par un certain cinéma, entraîne beaucoup de nos contemporains dans une crise d'espérance et de foi en l'humanité. Les questions sans réponse fusent. À quoi ressemblera le monde dans lequel vivront nos enfants et nos petits enfants encore protégés par l'insouciance ? Les habitudes de vie que nous leur transmettons en feront-elles des reproducteurs de nos comportements irresponsables ou des artisans d'un essentiel changement de trajectoire ? Quelle foi-espérance avons-nous à transmettre ? Quel sens ?

La gravité de la crise se mesure au défaitisme rampant qui se manifeste dans le doute sur notre capacité de changer le moindrement le cours des choses, de vivre un amour durable, d'échapper à la dépolitisation et la désocialisation des liens.

Il y a un lien entre la perte du « croire » et la perte du sens de ce qu'il y a de plus profond dans la condition humaine et son âme. Pour ne prendre qu'un exemple, de plus en plus dramatique, je mentionne le défi sans précédent lancé par le nombre croissant de gens qui vont vieillir et mourir seuls, en raison de l'inversion de la pyramide des âges qui ne semble préoccuper les gens que sous l'angle économique : les caisses de retraite seront vides, le coût des soins de santé va exploser... Mais qu'en est-il de la crise morale et humaine ? Sous-jacentes, les questions : quel sens a le vieillissement ? quel sens a la mort ?

Prenons justement l'exemple de la mort. Les rites funéraires distinguent l'humain de l'animal, nous enseignent les anthropologues dont les convictions sont corroborées par les découvertes archéologiques. Ces rites reposaient sur une foi en la dignité de la personne décédée et en sa survie, quelle que soit la manière dont on se la représentait. La banalisation des rites funéraires dans notre société ne révèlerait-elle pas un vide concernant le « croire » entourant cette réalité ultime de l'existence ?

Les effets de la crise contemporaine du « croire » sont nombreux. Qu'arrive-t-il aux jeunes qui grandissent entourés d'adultes qui ne croient plus en rien ni personne, qu'il s'agisse de la politique, de la religion, de l'intégrité dans les sports et de tant d'autres choses qui concernent l'âme humaine et la vie en société ? Qui ne voit aussi comment cette désaffection du « croire » entraîne une démobilisation, voire un sentiment d'impuissance à former une société dans laquelle on insère sa propre existence ? Il n'y a pas de société sans histoire. Sans mémoire. Sans dépassement des multiples « je » qui la constituent. Encore faut-il y croire et, pour cela, avoir des raisons d'y croire.

Le « croire » est aujourd'hui de moins en moins une affaire collective. C'est devenu l'affaire de chacun. Et c'est bien. En effet, une des principales valeurs de la modernité est la liberté de croire ou de ne pas croire. Le droit à la liberté de religion est inscrit dans toutes les Chartes. De toute évidence, il n'en a pas toujours été ainsi. L'histoire religieuse a connu des époques réglées par le « crois ou meurs ». Les fanatismes d'aujourd'hui n'ont rien à envier à ceux d'hier. Leurs énormes excès ne doivent pas occulter cette grave question : les croyants, qu'ils soient juifs, chrétiens ou musulmans, n'ont-ils pas à revisiter bien des textes de leur tradition où la liberté de croire est rejetée, sinon absente ? Que dire, en particulier, des dogmes de l'Église catholique, comme l'infaillibilité papale, ou des nombreux décrets récents des autorités vaticanes qui ne laissent aucune place au questionnement quant à leur caractère absolu et définitif, sinon leur pertinence ? L'intransigeance par rapport au « croire » n'est-elle pas une des causes les plus importantes de la perte de crédibilité de l'Église catholique dans les sociétés occidentales et chez nous ?

Qui ne voit par contre la fragilité de nos « croire » *à la carte* souvent soumis aux modes aussi éphémères que passagères ? Tout le contraire des croyances fondatrices de civilisations et de sauts qualitatifs d'humanisation. Max Weber disait que la politique est le goût de l'avenir. Quand le moi n'a ni avant ni après lui, il abolit d'abord la foi en l'avenir. Combien de situations existentielles d'aujourd'hui réclament un acte de foi ! Par exemple, mettre un enfant au monde devient plus qu'un acte de nature, d'amour ou de raison : c'est souvent un acte de foi.

On devrait aussi s'inquiéter, me semble-t-il, du climat de dérision et de raillerie qui prévaut dans notre société médiatique. Puis-je tirer la sonnette d'alarme sans être traité d'alarmiste ? Comme éducateur, je m'interroge sur la portée mortifère de ce fond de désespérance et de désenchantement qui a envahi jusqu'à notre propre champ culturel, pourtant si prometteur en créativité.

> Une société qui collectivement « ne croit plus » perd *ipso facto* toute foi en elle-même. Une société dont le cynisme et le quant-à-soi généralisés démonétisent les institutions, à commencer par l'État, n'est plus capable de rassembler l'énergie requise pour faire face.

Quand les croyances communes les plus élémentaires font défaut, manque aussi la capacité de se mobiliser autour d'un projet politique, industriel, scientifique ou éducatif[25].

Ce dernier propos marque bien l'importance de se donner une spiritualité laïque pour féconder nos pratiques quotidiennes et nos tâches de citoyens.

Le « croire » au cœur d'une spiritualité laïque au quotidien

Il nous faut mieux comprendre que le défi du « croire » aujourd'hui ne sera relevé que par un sursaut spirituel. Le cumul de plusieurs facettes de la crise du « croire » et les requêtes d'un renforcement de la dynamique spirituelle et de son ancrage dans la vie réelle appellent une solide et lucide spiritualité laïque au quotidien.

Dans mon travail pastoral sur différents terrains, je note que la profonde inquiétude engendrée par la crise que je viens d'évoquer relie le « croire », le sens et l'avenir, et ouvre sur une nouvelle conscience et une nouvelle dynamique. De manière plus ou moins explicite, d'aucuns en viennent à s'interroger sur l'importance du ressort du « croire » pour ne pas démissionner et contrer lucidement, vigoureusement cette dérive personnelle et sociale : cette interrogation est une des assises du « croire » laïc dont je parle ici.

---

25. GUILLEBAUD, J.-C. *op. cit.*, p. 288-289.

J'observe que lorsque ce processus d'intériorisation est en marche, la crédulité semble lentement reculer. L'astrologie, les sectes ou les formules magiques qui promettent à bon marché jeunesse éternelle ou harmonie intérieure me semblent révéler alors leurs limites quand il s'agit d'offrir un sens qui fait vraiment vivre, aimer, lutter et espérer sans fuir dans un monde imaginaire. Les thérapies de toutes sortes, tout utiles ou nécessaires qu'elles soient pour supprimer les obstacles au « croire », à commencer par la difficulté de croire en soi-même, ne peuvent non plus aller jusqu'à répondre à la soif qui tenaille les esprits.

Dès le tournant des années 1980, dans le cadre de notre recherche-action sur les profils socioreligieux dans les Basses-Laurentides, nous avons noté une profonde quête de sens et de valeurs spirituelles souvent dissimulée ou implicite. Nous avons même constaté chez plusieurs de nos interviewés une étonnante histoire secrète avec Dieu.

J'ai souvent abordé le « croire » sous cet angle et chaque fois, j'ai observé une ouverture même chez des esprits non religieux. Des réflexions comme celles que je fais ici me semblent nous amener sur une sorte de terrain commun de préoccupations et d'aspirations. C'est comme si en amont des différentes options idéologiques ou religieuses, il y avait une conscience commune d'un même drame et de la même nécessité d'un sursaut.

Voici mes convictions sur le développement du « croire » comme élément central de la spiritualité laïque au quotidien. Un sursaut s'impose, et il sera nécessairement spirituel. Il concernera le présent en ce qu'il façonne et détermine déjà l'avenir.

Il fera place à l'espoir. Il fera une large place à l'esprit critique et à la liberté. Il se vivra à même le quotidien dans toute son épaisseur. Et il dépassera le « je », il le désenclavera de lui-même.

En un mot, il ouvrira sur une transcendance. Encore peu nombreux, des esprits laïcs, agnostiques ou athées, y font de plus en plus largement appel.

La liberté de pensée et l'esprit critique sont au cœur de cette spiritualité laïque. Je ne sais plus combien de fois j'ai repris cette parole de Chesterton : « Quand les hommes cessent de croire en Dieu, ce n'est pas pour croire en rien, c'est pour croire en n'importe quoi. » Le « croire » dont je parle n'a rien à voir avec la crédulité qui, malheureusement, est encore savamment entretenue. Depuis quelque temps, je lis les chroniques astrologiques quotidiennes avec un mélange d'amusement et de désolation. Par exemple, une femme en instance de séparation demande le point de vue de l'astrologue. Réponse de celle-ci en deux temps, trois mouvements : « Vos deux signes sont incompatibles. Vous n'avez pas d'autre choix que de divorcer. » On ne compte plus les croyances folles et aveugles.

Paradoxalement, le « croire » a besoin d'une bonne dose de scepticisme. Il est important pour une spiritualité laïque de cultiver des espaces critiques. Cela commence par démasquer le « croire » déguisé en savoir. Je cite à nouveau ce propos qu'on m'a servi : « Vous, vous croyez, moi je sais. » Cette prétention nous renvoie aux scientistes du XIXe siècle qui, tel l'astronome Laplace, affirmaient que la science allait dissiper toutes les incertitudes et apporter une réponse à toutes les questions. Depuis, la postmodernité

a vraiment mis à mal la prétention à l'objectivité du scientifique et la capacité de la science de répondre aux questions éthiques, aux questions du sens et des valeurs.

Les mondes de l'avoir, du pouvoir et du savoir ont certes besoin de vis-à-vis critiques, à l'abri de la dictature de la rectitude politique, pour être bien pensés, gérables, justes et imputables. Mais le « croire » est peut-être le plus susceptible de devoir se donner plusieurs vis-à-vis critiques. Je pense, par exemple, au refus d'une transfusion de sang qui sauverait la vie d'un enfant, au nom du caractère sacré de la vie érigé en absolu par une certaine lecture de la Bible : « Le sang est la vie. Nul d'entre vous ne doit consommer de sang » (*Lv* 17,11-12). Le « croire » a besoin d'être balisé. Je ne saurais dire à combien de balises critiques on peut penser, j'en propose ici cinq à la réflexion.

1. Le « croire » auquel parvient la spiritualité laïque doit d'abord *être sensé et compréhensible* : rien d'ésotérique, rien qui ne puisse être objet d'une réflexion, d'une discussion, d'une contestation, d'un débat.

2. Il doit aussi *être éthique*, défendable moralement : il ne doit pas prêter flan aux dérives de la manipulation, de l'exploitation de la crédulité ou de la dépendance.

3. Il doit *être bien ancré dans le réel* et soucieux du principe de réalité : ni déni, ni fuite, ni repli nostalgique sur un passé plus ou moins idéalisé. 4. Il doit aussi *être culturellement pertinent* dans les façons de vivre, de penser et d'agir qu'il fonde

et soutient : critique par rapport au monde actuel et aux idées dominantes, il ne peut proposer de vivre dans un monde imaginaire ou idéal.

5. Ce « croire » doit *être transmissible* : loin d'être une affaire strictement individuelle, il doit être ouvert au jeu des échanges entre le Je, le Tu, le Nous et les autres. Le « croire » transmissible est tributaire de la situation des rapports et liens sociaux, donc des assises du réel profane, séculier, laïc. Le premier obstacle à cette transmission a été bien identifié dans des entrevues de groupe qui abordaient la question critique des diverses crises de la transmission. Voyons un propos révélateur exprimé lors d'un débat.

> Le croire est devenu plus personnel, et c'est tant mieux. Mais j'ai l'impression que l'individualisme s'est prolongé dans une spiritualité barattée rien que pour soi-même. C'est tellement unique que ça ne peut se transmettre aux autres qui ne te comprennent pas, parfois toi non plus, parce que tu n'as pas de vis-à-vis pour te mettre au clair avec tes affaires. Et même ta spiritualité devient dangereuse parce que tu sacralises, tu absolutises ton spirituel, tes croyances que tu t'es bricolées. Croyances souvent pigées dans des systèmes, des cultures, des religions que tu ne connais pas, ou si peu.

Ceci dit, le scepticisme et la critique ont leurs limites, sans quoi on retombe dans la crise du « croire ». Cela a été brillamment montré par Vadeboncœur dans son *Dialogue du sceptique et du mystique* : « La critique veut tout prouver. Or, passé une frontière dernière, on ne peut rien prouver [26]. »

Le « croire » laïque ou humaniste concerne les couches profondes de l'âme et de la conscience humaine. Il s'appuie sur les ressorts spirituels de foi, d'espoir, de convictions, de dépassements et de transcendance. L'histoire contemporaine est riche d'exemples de personnes, de peuples et de sociétés sans Dieu qui ont eu à surmonter de très dures épreuves. Il arrive que leur témoignage incite à aller chercher en soi des ressources spirituelles de rebondissement qu'auparavant on ne soupçonnait pas.

Le « croire » au cœur de la spiritualité des laïques chrétiens

Depuis le début de ce livre, j'essaie de faire voir les connivences et les convergences entre une spiritualité laïque, sans Dieu, et une spiritualité chrétienne qui se nourrit du quotidien, le quotidien des laïques dans l'Église, à même leur condition séculière. Le chrétien appartient évidemment au même monde que ses concitoyens. Ce qui a été dit du « croire laïc » jusqu'à présent le concerne éminemment. Mais le chrétien se rattache aussi à une tradition spirituelle millénaire, une tradition qui, en dépit de ses dérives, est porteuse

---

26. VADEBONCŒUR P. *Fragments d'éternité*, suivi de *Le fond des choses*, Montréal, Bellarmin, 2011, p. 93.

d'humanité. Pour lui, Dieu a cru et croit en l'homme et veut qu'il ait « la vie en abondance » (*Jn* 10,10). Comment pourrait-il s'autoriser à juger de haut ce « croire » laïc qui fait la grandeur de l'être humain, même sans Dieu ?

Un « croire » lui aussi en crise

Mais pas d'esprit de supériorité, d'autant plus que le « croire » chrétien est lui aussi en crise. Les chrétiens, et singulièrement les catholiques, sont entrés dans le XXIᵉ siècle en portant un lourd passif. Ce passif touche essentiellement à la liberté. Nul ne l'a illustré de manière plus claire et provocante que Dostoïevski dans la célèbre scène de l'inquisiteur dans la deuxième partie des *Frères Karamazov*. Il vaut toujours la peine de lire et relire ce texte prophétique :

Jésus revient sur terre. Pour contrer l'attrait qu'il exerce, on l'enferme. Le Grand Inquisiteur, qui symbolise les pouvoirs absolus, y compris religieux, vient le visiter dans sa prison et dit à un Jésus silencieux :

> Tu es venu dans le monde, les mains vides, en leur promettant une liberté qu'ils ne peuvent même pas comprendre dans leur simplicité et dans leur anarchie innée, une liberté qu'ils craignent et qu'ils redoutent, car il n'y a jamais rien eu de plus intolérable pour l'homme et la société que la liberté ! Tu vois ces pierres dans ce désert nu et brûlant ? Transforme-les en pains, et l'humanité courra derrière toi, comme un troupeau reconnaissant et docile, bien que tremblant

toujours que tu ne retires ta main et tes bienfaits... Ils comprendront, enfin, que la liberté et le pain terrestre pour tout le monde sont incompatibles, car jamais, jamais, ils ne sauront se répartir le pain entre eux. Ils se convaincront aussi qu'ils ne pourront jamais être libres, car ils sont faibles, vicieux, nuls et rebelles...

En effet, l'homme libre n'a pas de souci plus permanent et plus torturant que de trouver, au plus tôt, devant qui s'incliner. Mais l'homme cherche à s'incliner devant quelque chose qui soit indiscutable, si indiscutable que tous les hommes consentent simultanément à l'adorer...

Au lieu de t'emparer de la liberté humaine, tu n'as fait que l'accroître. Nous avons corrigé ton œuvre, et nous l'avons basée sur le miracle, le mystère et l'autorité. Et les hommes se sont réjouis d'être de nouveau conduits, comme un troupeau, et d'être libérés, enfin, d'un don aussi terrible qui leur avait valu tant de tourments [27].

Dans notre propre contexte québécois, comment passer sous silence le fait que l'émancipation de la chrétienté cléricale et de son pouvoir quasi total a pris les allures d'une grande libération ? D'où la grande sensibilité des gens d'ici à des enjeux comme ceux de la liberté du croire et des contraintes confessionnelles et morales imposées à tous.

---

27. DOSTOÏEVSKI, F. *Les frères Karamazov*, IIe partie, livre IV, chapitre V.

Le « croire » chrétien s'était trop souvent dégradé en crédulité ; il a souvent cherché à échapper à la critique, a cultivé le contrôle, la soumission et l'obéissance. Pourtant, quand il a été fidèle à sa nature, le christianisme a marqué le passage de l'homme païen religieux courbé dans la peur des dieux à l'être humain debout dans la foi comme dans la vie. Oui, debout pour une alliance libre offerte gratuitement par Dieu. Debout, chacun, pour engager sa propre histoire. On ne peut y arriver sans se donner une bonne dose de liberté et des coudées franches.

La spiritualité des laïques chrétiens souffre également de l'individualisme qui imprègne toute notre culture. Tout comme il nourrit l'impossibilité grandissante de faire société, il affecte le sens de la communauté sans laquelle il n'est pas de christianisme. Or, c'est la communauté qui est porteuse de la mémoire chrétienne. Il n'y a pas de « croire » sans mémoire, sans en-deçà de soi-même.

Un « croire » en voie de libération

Il y a cinquante ans, le deuxième concile du Vatican est heureusement passé par là. Ce concile a été, malgré la quasi-absence de laïques, et surtout des femmes, le plus démocratique, le plus interculturel, le plus international. Et il n'a pas eu peur des débats et des confrontations parfois rudes. Vatican II a ouvert l'Église catholique à la modernité, aux enjeux modernes, en particulier sociaux, à la lecture critique de la Bible et des autres textes de la tradition.

Vatican II a ainsi renoué avec le meilleur de l'histoire chrétienne. Les temps plus riches et intenses de cette histoire ont été ceux où les chrétiens ont été partie prenante des enjeux humains cruciaux de leur époque. Et les pires temps furent ceux où l'Église s'est constituée en un système religieux « autoréférentiel », c'est-à-dire en unique référence doctrinale, morale, prescriptive se prétendant seule porteuse de toute la Vérité et de Dieu lui-même. Les grands moments de l'histoire chrétienne coïncident avec les grands tournants historiques porteurs d'autres façons de vivre, de penser et d'agir et de changements sociaux et politiques importants. L'Esprit y précédait l'Église et l'y appelait.

La spiritualité des chrétiens laïques se nourrit du primat de l'humain sur le religieux. Tout au long de l'histoire biblique, la tradition prophétique n'a cessé de rappeler l'incontournable assise séculière, profane de l'existence croyante. Ce qui intéresse le Dieu de la Bible, c'est l'être humain. C'est la justice, la vérité, l'inclusivité, les réalités terrestres, le couple humain. Et que dire de l'incarnation, toute centrée sur Jésus de Nazareth, humain comme nous ! Il disait, on le sait : « La religion est pour l'homme, et non l'homme pour la religion » (*Mc* 2,27). Pratiquement tout l'itinéraire quotidien de Jésus de Nazareth, d'abord charpentier de son village, s'est déroulé dans la trame de la vie courante, ordinaire, comme la nôtre. Ses paraboles en sont un témoignage éloquent, elles qui parlent de cuisine et de ménage, d'agriculture et d'élevage, de vie familiale ou de relations de travail. Ce qui est la première base d'une spiritualité laïque au quotidien.

L'aventure de François d'Assise, ce fils d'un riche bourgeois marchand de tissu, a vu le jour dans les bourgs qui entouraient la cité médiévale et qui ont été la première étape de ce qu'on appelle le monde moderne. La Réforme protestante a été, elle aussi, une affirmation laïque face à la forteresse cléricale et romaine repliée sur elle-même, repliement qui va se durcir et se prolonger dans la Contre-Réforme catholique initiée par le concile de Trente. Il faudra attendre le XXe siècle pour que naisse une certaine mouvance de spiritualité laïque.

Un « croire » chrétien pour aujourd'hui

Le « croire » des chrétiens laïques se vit au cœur des grands défis de leur milieu et s'en nourrit. Cela entraîne plusieurs conséquences.

Par exemple, dans nos cités de plus en plus cosmopolites, le « croire » chrétien doit se conjuguer au pluriel, mû par cette conviction exprimée par Paul Ricœur qu'il y a de la vérité ailleurs que chez soi. Oui, au meilleur des autres religions ! Oui, au meilleur des esprits laïques qui vont au bout de leur humanité ! Les chrétiens n'ont pas le monopole de la vérité sur Dieu et sur le monde.

Le « croire » des laïques chrétiens cherche à se traduire concrètement par la mission d'être des semeurs d'espérance, capables de s'investir dans des tâches de fraternité et de justice, individuellement et collectivement, en partant de ceux qui n'ont que leur humanité à mettre dans la balance des rapports de force, tels les enfants, les pauvres et les exclus.

En ces temps où l'œil devient noir et pessimiste en raison des turpitudes humaines, le « croire » chrétien doit proposer un autre regard pour rappeler et témoigner que Dieu est venu en Jésus de Nazareth libérer le fond de bonté qu'il a semé en tout être humain. Il faut inverser un certain héritage religieux chrétien et dire avec saint Jean que Dieu a tant aimé le monde qu'il lui a envoyé son propre Fils et que ce n'est pas pour le condamner (*Jn* 3,16). Ce n'est pas le péché qui est originel, mais l'amour de Dieu, qui traverse, avec nous, même le mal, le péché et nos enfers. Si les chrétiens ne savent pas aimer le monde, notre monde, ils trahissent ce pari positif du Dieu qu'aux origines chrétiennes ont appelait « philanthrope », amoureux de l'être humain.

Le « croire » chrétien doit lui aussi être un « croire » critique. Nous vivons à une époque où se sont défaits tant d'absolus exclusifs, tant de certitudes et d'évidences, tant de bulles « enfermantes » ; le croire chrétien doit se faire plus intelligent, plus interprétatif, plus ouvert au questionnement. Comme son prédécesseur Jean-Paul II, le pape Benoît XVI a plaidé pour que l'Église et les chrétiens développent une foi plus intelligente, une foi qui vise à mieux comprendre et une compréhension qui permette de mieux croire. Il faut savoir faire honneur à l'intelligence et à l'intelligence de la foi et ne pas craindre de comprendre, par exemple, la multitude d'influences de tous ordres qui a présidé à la constitution de la Bible et de ses diverses traditions, des quatre évangiles et de l'Évangile de Paul. Même le Credo de Nicée-Constantinople est le fruit d'un compromis entre les nombreuses confessions chrétiennes et cultures du IVe siècle.

Nous faisons partie d'une population plus instruite qui appelle un discours religieux capable de justifier son espérance devant ceux qui lui en demandent compte, pour reprendre ici une expression de la *Première épître de Pierre* (3,15). Pour dialoguer et faire route ensemble avec les autres, il faut reconnaître qu'à vue d'humanité, nos postures de base tiennent de la plausibilité et non d'un absolu qu'on s'est fabriqué, religieusement ou autrement.

Je sais qu'il y a ici matière à débat. Mais je crains une Église qui étoufferait les débats de fond en elle-même et avec le monde. Au soir de ma vie, après avoir travaillé tout autant dans les milieux séculiers et les milieux religieux, je pense que le christianisme est confronté à de profondes réinterprétations de lui-même jusque dans ses sources. Notre Église deux fois millénaire est devenue une institution où tout est codé de part en part jusque dans ces moindres prescriptions. Qu'on est loin de la tente biblique qu'on pouvait déplacer avec la marche du monde ! Loin aussi, peut-être, du Jésus qui rejoint les pèlerins d'Emmaüs et les accompagne jusqu'au fond de leur déception ! Loin aussi de l'invitation de Jésus à aller aux départs des chemins (*Mt* 22,9) ! Beaucoup de gens d'aujourd'hui en sont là, au départ des chemins. Les chrétiens aussi. Pour eux, Dieu lui-même n'a cessé d'accompagner l'humanité et les croyants de chaque époque en repartant avec eux à chaque tournant de l'histoire.

Corneille, le militaire païen, et toute sa maison n'avaient pas à se faire juifs pour devenir chrétiens. « Pars avec eux – tout de suite », disait l'Esprit Saint à Pierre (*Ac* 10,20). Quel programme pour le chrétien d'aujourd'hui ! Pars avec eux qui ne sont pas de ton croire, de ta posture ou de ton monde. Eux aussi sont travaillés par l'Esprit Saint. Qui sait, c'est peut-être, c'est probablement avec eux que tu apprendras à mieux aventurer ta foi, à t'exposer plus qu'à te protéger. Il n'y a pas de dialogue si de part et d'autre on n'accepte pas de devenir autre, en chemin ou au bout de la route. Tout à l'heure, après la crise du christianisme, d'autres viendront avec de nouveaux regards de foi. C'est par la qualité de notre « croire » aujourd'hui que nous nous préparons à les accueillir, à les reconnaître.

C'est par là que l'Évangile devient Bonne Nouvelle, comme à tous les tournants historiques importants et à chaque manifestation de nouveaux signes des temps. Moi, c'est ce que je vis dans mon ministère depuis un bon moment. Et je n'ai jamais été aussi heureux comme prêtre depuis que j'articule davantage mon « croire » à celui des autres pour construire ensemble des démarches de foi qui font sens, pour eux comme pour moi. De part et d'autre, nous sommes plus libres qu'autrefois pour ouvrir de nouveaux chemins de vie, de sens et de foi. Quelle grâce nouvelle ! Quelle chance historique à ne pas manquer ! Parce que nous sommes à une époque où la liberté est une valeur suprême, plus que jamais, peut-être, Dieu arrime sa liberté à la nôtre. Arrêtons d'avoir peur de cette circulation plus libre de Dieu, de l'Évangile du Christ et du « croire » hors de nos sentiers battus et rebattus. Cette foi aventurée, c'est celle de l'Esprit Saint, c'est celle d'aujourd'hui et de demain. Qui sait, ce pourrait être là un passage pascal qui nous invite à un « croire » plus modeste. On ne choisit pas son passage pascal de mort et de résurrection, Jésus ne l'a pas choisi lui non plus.

Ici, je ne me limite pas à ce premier degré de l'expérience spirituelle. Celle-ci nous emmène au-delà, au-dessus et en-dessous de la trajectoire courante de nos débats et combats du jour. Elle nous ouvre à d'autres horizons de sens, à ce qui peut paraître inutile ou gratuit en regard de ce qui rapporte immédiatement, de ce qui relève des échanges, des intérêts et des impératifs d'efficacité. Le « croire » s'exprime aussi par d'autres mots, d'autres symboles, d'autres références. L'Évangile de Jésus Christ en est un bel exemple, qui se démarque de nos logiques de sens convenu. Il bouleverse nos idées reçues, nos évidences, nos rites et mêmes nos morales

quand il nous invite à aimer nos ennemis,

quand il dit que les prostituées nous précéderont dans le Royaume des cieux,

quand il refuse radicalement la condamnation irrémédiable de la femme adultère,

quand il nous fait voir un père accueillant son fils prodigue qui a dilapidé une bonne partie de l'héritage familial,

quand il reconnaît le fond de bonté chez Zachée, l'homme aux richesses douteuses,

quand il dit bienheureux ceux qu'on méprise : les pauvres, les exclus qu'on tient pour pas grand-chose, quand il célèbre l'humanité généreuse du bon Samaritain qui fait du bien sans même se référer à Dieu,

quand il vante la foi des gens qui sont d'autres religions,

quand il décrit la colère du Christ qui chasse au fouet les vendeurs du temple,

quand il apostrophe le pouvoir religieux sur les consciences,

quand il dit : même si ton cœur te condamne, Dieu est plus grand que ton cœur (*1Jn* 3,20).

Terminons cette réflexion sur le « croire » par un essai de synthèse autour de sept sens du « croire » chrétien aujourd'hui. Je ne serais pas surpris qu'on y décèle où et comment ce « croire » croise celui des esprits laïcs et humanistes.

1. Le « croire » chrétien personnel et collectif injecte gratuité et amour dans une société où priment le fonctionnel, l'intérêt individuel et l'échange mercantile des biens matériels.

2. Le « croire » chrétien met de l'avant, dans les enjeux de justice, le sort des exclus des rapports de force, comme Jésus de Nazareth et son Évangile l'ont enseigné : Tiers-Monde, l'enfant tiers, le pauvre et les exclus de tous ordres.

3. Le « croire » chrétien, dans le monde d'aujourd'hui, plaide pour la dignité de tout être humain et pour l'unité du genre humain au moment où la terre entière est confrontée à sa survie. Mais c'est toujours dans la foulée de l'amour de Dieu pour le monde, comme le dit si bien saint Jean.

4. Le « croire » chrétien découvre, au meilleur de la modernité, la veine cachée d'une liberté radicale dont la source est un Dieu qui se propose sans s'imposer. Car Dieu nous a créés libres comme Lui, au point d'assumer le risque de nous perdre, tout en faisant l'impossible pour nous sauver tous du mal et de la mort.

5. Le « croire » chrétien sait que l'Église et le monde actuels sont engagés dans un passage pascal de mort et de résurrection, dans la douleur d'un enfantement de vie nouvelle, et d'un « réenchantement » de tous nos désenchantements. Sur l'horizon d'un Royaume éternel déjà à l'œuvre, qui fait de nous des « espérants » têtus et entreprenants.

6. Le « croire » chrétien tient davantage d'un risque, d'un appel et d'une épreuve de vérité où le « croire » et le sens sont plus que jamais inséparables. Comme l'écrivait si bien Jean-Paul II dans son encyclique sur la foi et la raison : « Il est illusoire de penser que la foi, face à une raison faible, puisse avoir une force plus grande ; au contraire, elle tombe dans le grand danger d'être réduite à un mythe ou à une superstition. De la même manière, une raison qui n'a plus une foi adulte en face d'elle n'est pas

incitée à s'intéresser à la nouveauté et la radicalité spirituelle de l'être humain... Audace de la raison et assurance de la foi vont de pair » (n° 48).

7. Le « croire » chrétien d'aujourd'hui, enfin, n'est clos par aucun passé, ni enfermé dans aucun présent. Il s'ouvre sans cesse sur l'avenir où le Ressuscité nous entraîne, lui qui brûle la mort pour faire rejaillir la vie, qui brûle la haine pour ressusciter l'amour, qui brûle nos désespérances pour raviver le feu sacré de nos âmes.

Si le « croire » dont nous avons parlé réside pour une large part dans l'intelligence, il est d'abord et avant tout affaire d'expérience intérieure : solidité, feu, pari, confiance, énergie. Mais il arrive que l'expérience intérieure surprenne quelqu'un et l'entraîne dans des contrées indescriptibles par le langage habituel et où se croisent nature, valeurs, sens et « croire ». Je veux parler de l'expérience mystique sur laquelle il convient de s'arrêter un moment.

INTERMÈDE
ENTRE LE « CROIRE »
ET LE SILENCE,
L'EXPÉRIENCE MYSTIQUE

En intermède entre le « croire » comme voie d'accès au spirituel et le silence comme autre voie d'accès, arrêtons-nous un moment sur un fait important pour la recherche d'une spiritualité laïque au quotidien : la mystique. Intermède, oui, car ce dont on parle ici semble d'un autre ordre que ce qui précède et ce qui suit, en ce sens que si on peut décider d'emprunter l'une ou l'autre voie d'accès au spirituel, l'expérience mystique ne se choisit pas. Elle semble s'imposer, souvent de façon douloureuse, presque subie.

On dit que les religions divisent, mais que les mystiques rassemblent. Il y a un grand fond de vérité dans cette affirmation toute simple. Le développement des religions comparées a mis en lumière des affinités parfois étonnantes entre les écrits mystiques des différentes traditions religieuses. Un même fond humain et spirituel, quoi. Un peu comme on a découvert que l'Orient et l'Occident ont la même tonalité musicale de base pour exprimer la joie ou la tristesse.

Tout comme on peut parler de spiritualité laïque au quotidien, on peut parler de mystique laïque au quotidien. Car loin d'être un domaine éthéré et en surplomb par rapport à l'expérience humaine, la mystique sait assumer les réalités profanes et les transfigurer. Les religions se donnent souvent un système de croyances plus ou moins éloigné du réel. Mais les regards des mystiques ne craignent pas le quotidien. Chez nous, avant même de se faire religieuse, Marie de l'Incarnation était une femme d'affaires et une mère de famille, et déjà elle était mystique ! Les mystiques semblent transformer les réalités du quotidien en en relevant les beautés cachées ; ils en révèlent la profondeur mais s'en servent également pour exprimer l'indicible.

On commence à comprendre qu'il existe des mystiques séculiers, laïcs. La spiritualité laïque peut, elle aussi, conduire quelqu'un au seuil de l'indicible. Cela étonne encore tellement il est bien connu et reconnu que c'est habituellement au sein des religions que survient l'expérience mystique. Et pourtant...

Voici, pour illustrer cela, des textes de mystiques issus des traditions juive, hindoue, musulmane et chrétienne, précédés d'un témoignage mystique de type séculier, « laïque ».

Pierre Vadeboncœur (1920-2010) est un syndicaliste et écrivain québécois dont les écrits laissent transparaître, depuis son ouvrage *Les deux royaumes* (1978), une expérience mystique à laquelle il est conduit essentiellement par l'art.

Ma foi n'en finit plus de porter plus loin, par-delà ses croyances. Il faut qu'il y ait un au-delà de la croyance, où nous nous confiions en esprit. C'est à ce terme que je m'en remets. Où qu'elle soit, la vérité attend. Je n'en connais d'expérience que ses figures ou ce que j'éprouve réellement de l'être aux confins de mes horizons. Cela, pour moi, me semble aussi concret qu'un paysage d'été.

Mon regard et mes sens sont comme fixés sur cet objet en apparence symbolique, en réalité sensible et aussi « matériel » que l'être en son premier degré, c'est-à-dire dans l'immédiat.

S'il y a quelque chose vers lequel je m'oriente, c'est bien cela que je touche de cette façon : l'être, envers lequel je suis dans un rapport personnel. Voilà que le mot « personnel » encore une fois ressort.

Un pas de plus : j'aime cet être, cet Être, cette opaque réalité, par un amour qui n'est pas d'obligation mais de fait.

Ce sentiment n'est pas non plus ce qu'on pourrait appeler dans le sens courant une « dévotion », mais bien une adhésion. Bénéfique, non préconçue, non de précepte, mais seulement d'authenticité, comme si elle tenait uniquement à la nature des choses, ce qui me paraît le cas.

Aveuglément. Je me tiens devant l'Inconnu d'une manière aveugle et sûre, et non en état de doute mais en état de foi, et partiellement de présence et de contact. Étrange cécité qui n'amoindrit pas en moi le pari de tendre vers cela qui est caché.

Je sais d'avance que je ne saurai jamais autrement que de manière anticipée.

Malgré la contradiction qu'il y a entre ne pas voir et d'une certaine façon savoir quand même et plus intimement, je ne cesse de me tourner activement vers l'Objet dont il s'agit[28].

Etty Hillesum (1914-1943) est une jeune femme juive qui étudia le droit à Amsterdam où elle vécut jusqu'à sa déportation à Auschwitz. Elle a laissé un bouleversant *Journal* (1941-1943) qui contient des pages où transparaît une expérience immédiate de celui qu'elle appelait, tout simplement, « Mon Dieu ».

Je suis pleine de bonheur et de gratitude, je trouve la vie si belle et si riche de sens. Mais oui, belle et riche de sens, au moment même où je me tiens au chevet de mon ami mort – mort beaucoup trop jeune – et où

---

28. VADEBONCŒUR, P. *Essai sur la croyance et l'incroyance*, Montréal, Bellarmin, 2005, p. 109-110.

je me prépare à être déportée d'un jour à l'autre vers des régions inconnues. Mon Dieu, je te suis si reconnaissante de tout.

Je continuerai à vivre avec cette part du mort qui a vie éternelle et je ramènerai à la vie ce qui, chez les vivants, est déjà mort : ainsi il n'y aura plus que la vie, une grande vie universelle, mon Dieu.

[...] Le sentiment de la vie est si fort en moi, si grand, si serein, si plein de gratitude, que je ne chercherai pas un instant à l'exprimer d'un seul mot. J'ai en moi un bonheur si complet et si parfait, mon Dieu. Ce qui l'exprime encore mieux sont ses mots à lui : « se recueillir en soi-même ». C'est peut-être l'expression la plus parfaite de mon sentiment de la vie : je me recueille en moi-même. Et ce « moi-même », cette couche la plus profonde et la plus riche en moi où je me recueille, je l'appelle « Dieu ». Dans le journal de Tide, j'ai rencontré souvent cette phrase : « Prenez-le doucement dans vos bras, Père. » Et c'est bien mon sentiment perpétuel et constant : celui d'être dans tes bras, mon Dieu, protégée, abritée, imprégnée d'un sentiment d'éternité. Tout se passe comme si chacun de mes souffles était habité de ce sentiment d'éternité [29].

---

29. HILLESUM E. *Une vie bouleversée,* Paris, Seuil, 1985, p. 206-207.

Rabrindranath Tagore (1861-1941) est un poète, romancier, philosophe, peintre et musicien indien (Bengale) dont la production abondante a marqué l'art bengali au XXᵉ siècle. Il a reçu le Prix Nobel de littérature en 1913.

> À travers naissance et trépas, dans ce monde ou dans d'autres, où que ce soit que tu me guides, c'est toi, le même, l'unique compagnon de ma vie infinie qui, toujours, avec des attaches de joie, relie mon cœur à l'insolite.

> Pour celui qui te connaît, nul n'est plus étrange ou hostile : plus une porte n'est fermée. Oh ! Accorde-moi cette grâce : permets que je ne perde jamais cette félicité du toucher de l'unique, parmi le jeu de la diversité.

> [...]

> Ô nuit, Nuit voilée, fais de moi ton poète ! Certains se sont tenus, muets, dans ton ombre, durant des siècles ; laisse-moi révéler leurs chants. Prends-moi sur ton chariot sans roues qui bondit silencieusement de monde en monde, ô toi, reine dans le palais du temps, toi, magnifique et obscure !

> Plus d'un esprit qui interroge est entré furtivement dans ta cour, et a rôdé dans ta maison sans lumière, demandant une réponse.

De plus d'un cœur, transpercé par cette flèche de la joie que tirait la main inconnue, le chant de jubilation a éclaté, ébranlant l'obscurité jusqu'en ses fondements. Ces âmes attentives ont levé leur regard vers la lumière étoilée, et s'étonnent d'un trésor si soudainement trouvé.

Fais de moi leur poète, ô Nuit, le poète de ton insondable silence[30].

Mansur al'Hallaj (857-922) est un prédicateur musulman persan (aujourd'hui Iran) qui appartenait à la branche soufie de l'Islam qui poursuit la voie de l'unité avec Dieu. Il fut mis à mort pour avoir refusé de renier ses convictions.

Il n'y a plus entre moi et Dieu d'explication, ni preuve, ni signes pour me convaincre.

Voici que s'irradie l'apparition de Dieu, flamboyante, Qui resplendit en son scintillement souverain.

Telle est mon existence, et mon évidence, et ma conviction, telle est l'unification (divine) de ma proclamation de son Unité et de ma foi[31]!

Mon regard, usant de l'œil de la science, a suivi le pur secret de la pensée ; une lueur a jailli, dans ma conscience, plus ténue que la compréhension

30. TAGORE, R. *L'offrande lyrique*, n° 63 et *La corbeille de fruits*, n° 20, Paris, Gallimard, 1963, p. 67 et 107.
31. HALLAJ. *Kitab al-ta'arruf*.

d'une simple idée, et j'ai fendu le flot de la mer de la réflexion, m'y glissant comme je glisse une flèche. Mon cœur voltigeait, emplumé de désir, porté sur les ailes de mon dessein, montant vers Celui que, si l'on m'interroge, je masque sous des énigmes, sans le nommer.

Au terme (de l'envol), ayant outrepassé toute limite, j'errai dans les plaines de la Proximité, et, regardant alors dans un miroir d'eau, je ne pus voir au-delà des traits de mon visage. Je m'avançai, pour faire soumission, vers Lui, tenu en laisse au poing de ma capitulation ; et déjà l'amour avait gravé de Lui, dans mon cœur, au fer chaud du désir, quelle empreinte !

Et l'intuition de ma personnalité me déserta, et je devenais si proche (de Lui) que j'oubliai mon nom [32].

Juan de Yepes Álvarez, mieux connu sous son nom religieux de Jean de la Croix (1542-1591) est un prêtre catholique espagnol. Réformateur avec Thérèse d'Avila de l'Ordre du Carmel, il fut emprisonné à quelques reprises en raison de ses convictions par ceux qui s'opposaient à sa réforme. Il a laissé une abondante œuvre poétique et spirituelle.

J'entrai mais je ne sus où,
et je restai sans savoir,
au-delà de toute science.

---

32. HALLAJ. *Diwan.*

Je ne sus pas où j'entrai,
mais lorsque je me vis là,
ne sachant pas où j'étais,
je compris de grandes choses.
Ce qu'ai senti ne dirai,
car je restai sans savoir,
au-delà de toute science.

De quiétude et de ferveur
c'était la science parfaite,
comprise directement,
en solitude profonde ;
c'était chose si secrète,
que suis resté balbutiant,
au-delà de toute science.

J'étais tellement ravi,
absorbé, sorti de moi,
que mes sens se retrouvèrent
dénués de tout sentir
et mon esprit investi
d'un entendre sans entendre,
au-delà de toute science.

Qui vraiment arrive là,
à soi-même il défaille,
tout ce qu'il savait avant,
lui semble bas maintenant ;
et sa science augmente tant,
qu'il demeure sans savoir,
au-delà de toute science.

D'autant plus il monte haut,
et d'autant moins il comprend
ce qu'est la nuée obscure
qui illuminait la nuit ;
C'est pourquoi qui la connaît
reste toujours ne sachant,
au-delà de toute science.

Ce savoir ne sachant pas
est de si grande puissance,
que les sages argumentant
n'en viennent jamais à bout ;
car tout leur savoir ne peut
entendre en n'entendant pas,
au-delà de toute science.

Et de si haute excellence
est ce suprême savoir,
qu'il n'est faculté ni science
qui puissent le défier ;
Qui saura se dépasser
par un non savoir qui sait,
ira toujours plus avant [33].

---

33. Jean de la Croix. *Poèmes.*

Mystique et mystère ont la même ascendance étymologique. C'est une erreur de réduire le mystère (et la mystique) à ce qui est inconnu ou irrationnel. Il y a des mystiques chez des esprits non religieux et très rationnels. Nous en avons vu un exemple avec Vadeboncœur, nous en verrons un autre à la fin de ce chapitre.

Je ne suis peut-être pas mystique, mais je crois pouvoir dire que j'ai le sens du mystère. Je veux m'arrêter ici un moment sur le sens du mystère, ses beautés et ses prises sur les réalités d'aujourd'hui. Qu'on me permette de reprendre pour cela un de mes textes que j'ai jadis publié dans un tout autre contexte :

> Heureuse béance de mystère au fond de nous qui rouvre sans cesse des espaces libres pour échapper à nos évidences « enfermantes » et à la pensée d'un inéluctable destin paralysant.
>
> Heureuse brèche de notre âme et conscience qui nous délivre de tous les « pleins » décevants et laisse place à l'« autrement » et au dépassement pour de nouveaux horizons de sens et de liberté.
>
> Heureuse transcendance bienfaisante qui vient de plus intime de soi et nous projette au-delà de notre finitude pour mieux faire respirer et inspirer notre vie.
>
> Heureuse ombre des faux bonheurs qui nous fait chercher plus de vérité, plus de discernement, plus d'authenticité, pour mieux goûter une solide paix intérieure.

Heureuse foi « espérante » et entreprenante qui défie les logiques assurées du pouvoir, de l'avoir, du savoir et du valoir pour redonner au désir sa soif d'éternité sur l'horizon d'un ciel nouveau et d'une terre nouvelle.

Heureuse évocation de Dieu toujours autre qui love son mystère dans le nôtre et noue avec nous de secrètes complicités pour une alliance de la plus pure gratuité.

Heureuse nouvelle conscience planétaire de tous les tiers sans voix, sans statut, exclus des rapports de forces et d'intérêts, qui sans armée ni argent nous font plus humains et nous parlent de Toi.

Heureuse folie cachée aux savants et aux sages, qui parie sur Toi, te devine, et t'espère.

Heureuse innocence de l'âme à l'affût de ta présence invisible, secrète et fidèle.

Heureuse assurance de Ta « promesse » de vie éternelle déjà en germe dans notre pain quotidien partagé. Et oui cette mystérieuse certitude : quelque chose en nous qui sait Dieu comme la boussole sait le pôle Nord[34].

---

34. *Réenchanter la vie. Essai sur le discernement*, tome I, Montréal, Fides, 2002, p. 246-247.

Une base mystique commune nous rassemble. Gœthe l'évoque en ces termes : « Au plus profond de nous jaillit l'aspiration de rejoindre librement un être plus haut, plus pur, inconnu, en qui se révèle l'Être innommé ; ce sentiment, c'est la piété[35]. »

Cette puissance supérieure n'est pas toujours personnalisée. Dans bien des traditions, l'homme est conduit à adhérer à un ordre universel, cosmique, qui règle les rapports entre les hommes et le divin. Avec le judaïsme, on quitte la perspective d'un ordre anonyme du monde. Le monothéisme se fait personnel. Dieu a un nom, et il est un « TU ». Les Psaumes naissent de ce face à face, de cette relation irréductible entre l'homme et Dieu. L'homme y parle de ses désirs, de ses remords, de ses espoirs. Il se tourne vers son Dieu, qui semble pourtant souvent muet, et s'engage tout entier dans cette expérience particulière de la prière. L'être humain se met en face d'un « pur toi[36] », sa prière lui fait découvrir un toi infini, absolu. Abraham, le père des trois monothéismes, a non seulement un itinéraire très séculier et laïc, mais porte aussi une espérance qui l'amène à croire qu'il s'en va vers Dieu, avec les siens et vers sa terre.

Qu'il ait ou non un visage et un nom, le divin peut prendre l'initiative de la rencontre immédiate avec l'être humain. Ce fond mystique commun aux grandes traditions religieuses pourrait

35. Gœthe. *Élégie de Marienbad. Ballades et autres poèmes*, trad. J. Malaplate, Paris, Aubier, 1996, p. 225-233.
36. Marcel, G. *Journal métaphysique*, Paris, Gallimard, 1927, p. 159.

nous laisser penser qu'il est totalement et exclusivement tourné vers une transcendance décalée de toute prise sur la vie réelle. Il n'en est rien.

Dans mon long itinéraire pastoral, j'ai eu sur mon chemin toutes sortes de mystiques. Et j'ai remarqué que le principal critère de discernement spirituel d'authenticité était leur référence au réel profane, donc séculier, laïc.

Pour conclure cet intermède, j'aimerais présenter un dernier témoignage d'expérience mystique vécue en dehors de toute appartenance religieuse et se nourrissant des réalités les plus ordinaires de la vie : l'amitié, la lumière de la fin du jour, la nuit, le silence.

> Ceci est arrivé pour la première fois dans une forêt du nord de la France. J'avais vingt-cinq ou vingt-six ans. J'enseignais la philosophie, c'était mon premier poste, dans le lycée d'une toute petite ville, perdue dans les champs, au bord d'un canal et d'une forêt, non loin de la Belgique. Ce soir-là, après dîner, j'étais parti me promener avec quelques amis, comme souvent, dans cette forêt que nous aimions. Il faisait nuit. Nous marchions. Les rires peu à peu s'étaient tus ; les paroles se faisaient rares. Il restait l'amitié, la confiance, la présence partagée, la douceur de cette nuit et de tout... Je ne pensais à rien. Je regardais. J'écoutais. Le noir du sous-bois tout autour. L'étonnante luminosité du ciel. Le silence bruissant de la forêt : quelques craquements de branches,

quelques cris d'animaux, le bruit plus sourd de nos pas... Cela n'en rendait le silence que plus audible. Et soudain... Quoi ? Rien : Tout ! Pas de discours. Pas de sens. Pas d'interrogations. Juste une surprise. Juste une évidence. Juste un bonheur qui semblait infini. Juste une paix qui semblait éternelle. Le ciel étoilé au-dessus de moi, immense, insondable, lumineux, et rien d'autre en moi que ce ciel, dont je faisais partie, rien d'autre en moi que ce silence, que cette lumière, comme une vibration heureuse, comme une joie sans sujet, sans objet (sans autre objet que tout, sans autre sujet qu'elle-même), rien d'autre en moi, dans la nuit noire, que la présence éblouissante de tout ! Paix. Immense paix. Simplicité. Sérénité. Allégresse. Ces deux derniers mots semblent contradictoires, mais ce n'était pas des mots, c'était une expérience, c'était un silence, c'était une harmonie. Cela faisait comme un point d'orgue, mais éternel, sur un accord parfaitement juste, qui serait le monde. J'étais bien. J'étais étonnamment bien...

« Nous sentons et expérimentons que nous sommes éternels », écrit Spinoza dans l'*Éthique* – non que nous le *serons*, après la mort, mais que nous le *sommes*, ici et maintenant. Eh bien voilà : je l'avais senti et expérimenté, en effet, et cela fit en moi comme une révélation, mais sans Dieu. C'est le plus beau moment que j'ai vécu, le plus joyeux, le plus serein, et le plus évidemment spirituel.

Ces expériences, même exceptionnelles, ont modifié ma vie quotidienne, et l'ont rendue plus heureuse (les bons jours) ou moins lourde. Elles ont transformé durablement mon rapport au monde, aux autres, à moi-même, à l'art (quelle éternité, parfois, chez Vermeer ou Mozart!), à la philosophie, à la spiritualité... Je ne me suis jamais pris pour un mystique, encore moins pour un sage. J'ai passé plus de temps à penser l'éternité – par exemple à commenter le livre V de l'*Éthique* de Spinoza – qu'à la vivre. C'est ce qu'on appelle un philosophe[37].

Tous les profils mystiques que nous venons de voir se médiatisent par des références profanes, sans s'appesantir sur des lourds systèmes de rites et de doctrines. Aucune mention de synagogue, de temple ou de mosquée, de pèlerinage, de sacrifice ou de jeûne. Paradoxalement, les témoignages des mystiques tiennent du cœur autant que de l'âme, du matériel et du spirituel, de la nature et de la culture, de l'immanence et de la transcendance.

Pour ce qui est du christianisme, c'est par le fond humain de la Bible et des évangiles de Jésus de Nazareth que le croyant chrétien rencontre l'humanisme de l'incroyant. Il n'en reste pas moins que les autres mystiques que nous avons exposées sont toutes porteuses d'un fond humain, avec une quête commune de beauté, de bonté, d'amour et de fraternité. On retrouve ici cette pensée du philosophe théologien Paul Ricœur. Avec Dieu ou sans

---

37. COMTE-SPONVILLE, A. *L'esprit de l'athéisme,* Paris, Albin Michel, 2006.

Dieu toujours travailler à « faire émerger le fond de bonté qu'il y a chez l'être humain » et cette commune sensibilité aux beautés de notre précieuse terre. Certes il y a des combats de justice nécessaires mais pour humaniser ceux-ci, on a besoin d'un bel amour de l'être humain. Il serait dommage d'y voir un vœu pieux.

Nous avons vu comment les mots sont défaillants pour exprimer l'expérience mystique, à moins d'emprunter le chemin de la poésie. Nous avons vu aussi que dans l'expérience mystique, la parole cesse et se prolonge dans une présence et une attention silencieuses à ce qui est.

Si tous ne sont pas entraînés sur le chemin de la mystique, tous peuvent emprunter le silence comme voie d'accès au spirituel.

V

LA VOIE DU SILENCE

Personne ne s'étonnera de ces pages sur le silence. J'ai évoqué dans le premier chapitre comment les chasseurs et les pêcheurs trouvent dans la nature un silence qui les met en contact avec le meilleur d'eux-mêmes, et tous savent l'importance du silence dans les lieux spirituels comme les monastères, les églises ou les mosquées.

Il est pourtant difficile et risqué d'en parler. Ne lit-on pas dans le Talmud : « Le silence est une panacée. Comme d'une perle incomparable, ce que l'on saurait dire de lui ne pourrait que le déprécier [38] ? » Difficile et risqué, mais nécessaire, je plonge.

---

38. *Meguilla*, 18b.

Je présenterai successivement deux sortes de silence. D'abord, j'évoquerai ce qui peut passer entre deux êtres sans que la moindre parole soit prononcée, ou si peu. Puis, tout ce qui touche à l'absence de bruits, de sons, de mots, de musique, aussi bien à l'extérieur qu'à l'intérieur de soi.

Écouter, regarder, sourire, toucher, être présent

J'ai remarqué que les êtres qui ne savent pas écouter sont souvent superficiels. On l'aura compris, je ne parle pas ici de l'écoute du bavardage permanent des médias, mais plutôt de l'écoute silencieuse qui affine l'oreille du cœur. Que cette écoute est rare et précieuse ! Qu'elle est difficile ! Selon le théologien Bonhœffer, elle manque trop aux chrétiens, et particulièrement aux prêtres ou aux pasteurs :

> Certains chrétiens, et en particulier les prédicateurs, se croient toujours obligés de « donner quelque chose » lorsqu'ils se trouvent avec d'autres personnes. Ils oublient qu'écouter peut être plus utile que parler. Beaucoup de gens cherchent une oreille qui veuille les entendre, et ils ne la trouvent pas chez les chrétiens, parce que les chrétiens se mettent à parler là où ils devraient savoir écouter. Mais celui qui ne peut plus écouter son frère et finit par ne plus pouvoir écouter Dieu lui-même et vouloir sans cesse lui parler [39].

---

39. BONHŒFFER, D. *De la vie communautaire*, Paris/Genève, Cerf/Labor et Fides, coll. Foi vivante, n° 83, 1998, p. 98-99.

Il n'est pratiquement pas une journée où ce silence qui permet d'accueillir et d'écouter quelqu'un d'autre ne peut être pratiqué. Humanisme, altruisme, civilité, générosité, politesse et quoi encore marquent potentiellement l'oreille fine du cœur qui passe par celle de la tête.

Se taire pour écouter, ou écouter en se taisant, c'est encore une condition pour l'apprentissage du spirituel. La Bible dit bellement : « Si tu aimes écouter, tu apprendras, si tu prêtes l'oreille, tu deviendras sage » (*Si* 6, 33). Et à cet égard, le plus important est sans doute d'apprendre à écouter ce qui vient de plus profond de soi. Comme le disait un auteur du XIXe siècle dont j'ai perdu la trace, « il y a des êtres qui ont traversé la vie, sans faire le tour d'eux-mêmes, encore moins, sans fréquenter leur intériorité ». Et ici, je ne saurais taire un très grave problème fort répandu non seulement chez les enfants mais aussi chez les adultes, à savoir une incapacité croissante de se concentrer. Des recherches scientifiques révèlent que les longs visionnements des flots d'images déversés dans les appareils électroniques dérèglent l'attention nécessaire à l'écoute et même à la pensée et à la distance critique. Je reviendrai là-dessus dans la section finale sur les blocages du spirituel.

Écouter avec ses yeux, parler par son sourire

Dans nos villes, sur nos trottoirs, au supermarché, nous croisons chaque jour des inconnus qui sont des anonymes pour nous. Nos regards sont plus ou moins furtifs, mais croisés plus souvent qu'on le dit. Souvent distraitement, parfois avec attention ou même insistance, nous nous regardons. Le philosophe Levinas a centré toute sa réflexion sur les visages, sur ces rencontres de regards croisés chargés implicitement d'humanisme et de spiritualité. En-deçà et au-delà de ces considérations savantes, il y a ce constat : nos yeux parlent silencieusement, avec des regards durs ou bienveillants, souffrants ou souriants. Le regard souriant, c'est-à-dire aussi le sourire qui, à la différence du rire, est silencieux. Le sourire aux lèvres ne coûte rien ; l'autre qui le reçoit l'accueille par son propre sourire. Je dis souvent aux personnes qui ont le sourire aux lèvres : « Votre sourire embellit le monde et nous fait du bien. » Eh oui, il y a du spirituel concret et très humain dans le regard souriant ! Il enchante la vie et son quotidien. Le spirituel triste est très peu communicatif. Le regard silencieux peut-être salvateur.

La simple présence physique a un potentiel d'intensité quand elle est silencieuse : elle nous habite, dans tous les sens du verbe. Cette présence peut se lover dans n'importe quel milieu ou espace de la vie courante. À l'hôpital où j'ai été bénévole à temps partiel, j'entendais souvent cette expression : « Avez-vous deux minutes ? » Pour être là, simplement. Ou pour écouter un moment. J'ai connu un bénévole qui pratiquait la présence silencieuse. Il me disait que les grands malades souffrent d'avantage quand certains de leurs visiteurs bavardent autour d'eux et que des patients lui disaient : merci d'être présent sans parler.

C'est avec eux que moi aussi j'ai découvert que la présence silen-cieuse peut-être un chemin de communication bénéfique, respec-tueuse et chaleureuse. J'aime bien la métaphore de la présence invisible de l'enfant dans le sein de sa mère. Elle est porteuse d'une vie nouvelle. N'y a-t-il pas là une sorte de révélation de la profondeur spirituelle de la présence silencieuse ? Notons bien que chez l'enfant, cette présence silencieuse précède l'avènement de parole. J'appelle cela la présence du seuil avant la sortie des premiers mots prononcés.

Je pense encore à ces hommes silencieux de la génération qui précèdent la mienne, qui parlaient très peu mais manifestaient leurs amours avec leurs mains besogneuses, courageuses, généreuses, et silencieuses. C'est aussi par le travail de leurs mains que se disait silencieusement le sens de leur vie. Qu'on me permette ici à ce sujet une bonne blague que m'a racontée un vieil homme de 95 ans qui venait de l'Abitibi. « Pendant plus de deux ans, je m'étais échiné à essoucher ma terre à bois pour pouvoir ensemencer le blé d'Inde, le foin et le sarrasin. On était au mois de juin de la troisième année de ce travail, dans la soirée, et voilà que mon curé arrive pour sa visite de paroisse. Il y avait un magnifique crépuscule. Le curé me dit : "Mon cher Delphis, regarde-moi cela comme le bon Dieu a fait une belle création !" Mon curé a suscité en moi une profonde colère intérieure, mais je me suis retenu et je lui ai rétorqué le plus calmement possible : "Monsieur le curé, vous auriez du voir cela il y a trois ans quand lui, le bon Dieu, il travaillait tout seul !" »

Pour continuer dans la même veine, mon vieux père, analphabète lui aussi, aimait et pensait avec ses mains silencieuses. Il me disait : « On construit un escalier de bas en haut et on le balaie de haut en bas, ton Église et notre société semblent ignorer cette réalité-vérité. » Pour un silencieux, c'est pas trop mal !

De toute façon, une spiritualité laïque qui se veut incarnée dans la vie ordinaire se doit de se donner des mains. Même les moines avec les règles silencieuses les plus sévères gagnaient leur pain avec leurs travaux manuels.

La présence silencieuse, quand elle est vraie, en impose. Jésus de Nazareth est, à cet égard, un véritable maître[40]. Tout au long du récit évangélique, on peut deviner ses regards silencieux qui exprimaient tantôt la compassion, tantôt la guérison, l'amour ou la justice. Que d'épisodes de sa vie commencent comme cela : la rencontre fortuite avec Zachée le riche, la délivrance de la femme adultère, les noces à Cana, le regard tourné vers Pierre qui vient de le trahir, etc. Dans la première version évangélique du récit de sa Passion, Jésus ne disait pas un seul mot. Sans compter que les premiers chrétiens qui ont écrit les évangiles n'ont pas parlé des trente ans de Jésus à Nazareth. Silence !

C'est là que j'ai appris que le silence peut aussi nous amener à faire la vérité. Quel bonheur que d'accueillir le message et le compagnonnage de ce Jésus humain comme nous, dans ce qu'il y a de plus ordinaire de la vie, lui qui n'appartenait pas à une famille sacerdotale, disponible aux incroyants et aux croyants et dont le regard silencieux donc je viens de parler se prolonge dans le geste ! Il y a de quoi inspirer une spiritualité laïque au quotidien.

---

40. Voir à ce sujet le petit livre de Jean Lavoué *Le Christ aux silences*, Québec, Anne Sigier, 2007.

Un silence d'une telle qualité qu'il permet la présence à soi et à l'autre, signifiante, intéressée, d'une fine attention. Tout le contraire de la présence absence visée par le reproche : « Tu es là, mais tu n'es pas présent à nous autres et à ce qui se passe ici. »

Ce qu'il y a de plus beau ici, peut-être, c'est la liaison entre le physique, le psychique et le spirituel, le corps et l'âme, la chair et l'esprit. La présence silencieuse connote toutes ses liaisons fondamentales dans notre condition humaine.

Entre le silence et la parole, un moment de grâce

Permettez-moi de raconter une expérience personnelle liée à un événement « ordinaire » de la vie, même s'il n'est pas quotidien. Les angineux comme moi sont souvent à bout de souffle, soit à l'effort, soit au moment d'une intense émotion. Je venais d'entreprendre une nouvelle médication qui devait m'aider à surmonter mes crises d'angine. Mais hélas, c'était au prix et aux frais d'étourdissements qui me retenaient à la maison.

Et voilà que je reçois un appel d'une dame. Elle me dit que son père parvenu aux portes de la mort voulait communiquer avec moi. Constatant mon état de santé délâbré, elle me dit : « Donnez-lui d'abord un coup de fil. Il entend très bien, même s'il ne peut parler. » Intérieurement, je me disais : « Quel défi, quand on sait qu'au téléphone on n'a que la parole pour communiquer. » Mais pour moi, tout appel comme celui-ci commande une réponse. C'est à la fois un appel d'humanité et un appel divin. Mais je connaissais peu de cet homme, un artiste peintre que j'avais rencontré lors d'un vernissage. J'en avais gardé un souvenir chaleureux.

Mais Dieu qu'en l'occurrence je me sentais pauvre et démuni avant de m'adresser à lui dont il ne restait que les derniers souffles ! Comment trouver des mots passeurs de l'âme, des mots sur fond de silence, de présence entre deux souffles, le sien et le mien ?

Je venais d'écrire un texte sur le souffle de l'âme et de l'Esprit pour un prochain ouvrage. Dans cet écrit, j'évoquais un moment de grâce dans la vie du prophète Élie rapporté par la Bible, une de ces pages émouvantes qui parle d'un souffle ténu de Dieu qui redonne au prophète Élie épuisé un nouvel élan d'inspiration pour repartir, un élan d'espérance envers et contre tout. « Tiens, me dis-je, pourquoi ne pas partir de là, de cette source divine, puisque toi aussi, tu es aphone de ta propre parole ? Laisse le Seigneur te guider. »

Tout tremblant, je prends le téléphone et compose son numéro. Au bout du fil, je n'entends qu'un souffle assez hoquetant et agité. Je m'identifie et je dis : « J'entends très bien votre souffle, Monsieur Stanley. » Je me rends compte que la cadence de ses respirations diminue. Je sens un silence, un accueil attentif. Je lui rappelle d'abord la chaleur de notre dernière rencontre. Son souffle se fait plus paisible. Alors, je lui lis le beau texte biblique qui suit :

> Le Seigneur dit à Élie : Sors et tiens-toi sur la montagne, devant le Seigneur. Il y eut devant le Seigneur un vent fort et puissant qui érodait les montagnes et fracassait les rochers ; le Seigneur n'était pas dans le vent. Après le vent, il y eut un tremblement de terre ; le Seigneur n'était pas dans le tremblement de terre. Après le tremblement

de terre, il y eut un feu ; le SEIGNEUR n'était pas dans le feu. Et après le feu, une voix de fin silence (*1R* 19, 11-12).

« Élie venait de comprendre que l'Esprit de Dieu souffle d'abord dans l'intimité de l'âme, comme la tendresse qui est le repos de la passion, comme le silence qui est la condition première de la présence.

« Vous Stanley, artiste peintre, vous qui avez cultivé la beauté toute votre vie, vous pouvez comprendre les mots divins du poète : Dieu a mis une étoile dans le ciel pour chacun de nous, une étoile assez éloignée pour que nos erreurs ne viennent jamais la ternir et nous empêcher d'accéder à Lui. »

Puis je me suis arrêté en me disant, comme Saint-Exupéry dans *Citadelle*, que « la marque de la divinité dont tu désires un signe, c'est le silence même ». Ou, comme cette pensée mystique d'un soufiste musulman : « Si le mot que tu vas ajouter n'est pas plus beau que le silence, retiens-le. »

Eh oui, sur cette plage de silence, nos deux souffles se croisaient, s'enlaçaient. J'en avais le sentiment profond et la quasi-certitude.

Puis, j'ai repris la parole : « Stanley, vous et moi, nous savons que ceux qui d'un papier, d'une toile, d'un marbre ou d'un son firent une chose impérissable, l'ont souvent tirée de l'inspiration de leur vie intérieure. Ah ! Si nos mains obéissaient davantage à nos âmes pour sculpter dans le rude matériau de nos travaux et de nos jours, des joies qui ne meurent pas, des beautés qui nous rapprochent de toi, ô Divin peintre et sculpteur de nos mille et une fleurs, de nos rêves insensés que toi seul peux rendre à la réalité...

« Cher Stanley, il ne nous reste à tous les deux que nos derniers souffles, mais ils sont toujours aussi créateurs pour nous amener au sein du Dieu créateur qui nous a fait semblables à Lui. Comme disait Malraux : "il a fait de nous des compagnons éternels".

« À Dieu vat, Stanley, prions l'un pour l'autre : moi le peintre du dimanche et vous l'artiste peintre. »

Puis j'ai laissé nos souffles se recroiser à nouveau pour redonner à nos mystères leur place toute entière. Enfin, ces mots : « Mais tu le sais, Seigneur, notre cœur est inquiet jusqu'à ce qu'il se repose en toi et en ces êtres à travers qui tu nous as aimés. » Et j'ai raccroché.

Quelques minutes plus tard, sa fille qui était présente dans la chambre de son père au moment de mon appel, me téléphone à son tour. « Mais qu'avez-vous donc dit à mon père ? Au début, j'ai vu des larmes perler sur ses joues. Mais j'ai vite compris que c'étaient des larmes de joie. Ses traits se détendaient. Il y avait, à nouveau, de l'éclat dans ses prunelles. Quelque chose aussi d'un soudain calme de ses membres qui me faisait soupçonner un je ne sais quoi de paix intérieure. Je le sentais lâcher prise, s'abandonner, comme s'il consentait à l'inachèvement de la toile de sa vie, mais c'était comme si le chemin d'un nouvel accomplissement s'ouvrait devant lui. Il m'a confié si souvent ses doutes sur l'au-delà, sur Dieu... Que s'est-il donc passé chez lui ? »

Chère dame, je ne saurais rien vous dire à ce chapitre. Je n'avais que son souffle pour me guider... et le souffle de l'Autre en moi. Il me manquait vos yeux. Mais le plus important nous échappe sans doute à tous les deux. C'est son sanctuaire à Lui, sa secrète histoire intérieure.

Il m'est arrivé parfois de pressentir même chez certains de mes amis agnostiques leur mystérieuse histoire secrète avec Dieu. Je me suis toujours tu et effacé devant cet espace saint et sacré, bien en-deçà et au-delà de mon réflexe critique bien moderne, soucieux d'éviter toute démarche de récupération. C'est ici que le « Ne jugez pas » dont parlait le Nazaréen de l'Évangile devient le plus radical interdit à respecter. La liberté des fils de l'homme et de Dieu, j'y crois fermement. C'est peut-être ça, la transcendance humaine de l'âme et la conscience qui ouvre sur celle de l'Autre qui nous a risqués semblables à Lui. La foi comme l'amour ne peuvent être ce qu'ils sont, si on les livre à une logique d'obligation ou de nécessité. Dieu veut-il qu'on lui obéisse, ou bien nous ne nous désire-t-il pas, ne nous aime-t-il pas plutôt debout, dressés sur notre propre socle intérieur, capables d'une alliance libre et gratuite avec Lui ? Ce que trop de clercs ne me semblent pas avoir compris. Parfois, il m'arrive de penser que nos belles valeurs modernes à leur meilleur sont plus près des sources chrétiennes qu'un certain héritage religieux que vous et moi avons connu.

Entre Stanley et moi, le sens décisif est sans doute passé dans les mailles et le décousu de nos souffles retenus, de nos silences, de nos clairs-obscurs mystérieusement étoilés de petits signes toujours à déchiffrer. Stanley, fils de Rembrandt, sait cela. Je pense à la fameuse toile du maître flamand sur la parabole du Père et ses deux fils. Quand le peintre regarde le monde, il voit l'autre « en transparence comme le filigrane pris dans la trame du papier, de sa toile. Chacun a le choix de jeter sa vie au néant ou de la lancer jusqu'au ciel – une décision prise au plus intime, à n'importe quel âge, dans les ténèbres, et pourtant en toute clarté » (Christian Bobin). Serait-ce cela qui s'est passé avec Stanley ? Je parie que nous le saurons un jour. Mais déjà nos propres mystères peuvent devenir lumineux, particulièrement au passage de la mort d'un être cher, si tant est qu'on prenne le temps de le vivre.

Toute une vie, la mort, l'au-delà méritent infiniment plus que les adieux modernes à la mode expédiés à la sauvette en quelques heures. La fille de Stanley, et Stanley lui-même, je l'ai bien senti, voulaient donner à leur expérience cruciale toute sa profondeur humaine et spirituelle. Peut-on mieux se préparer à rencontrer Dieu qui nous accompagne toute notre vie ?

À côté de la présence silencieuse, la présence du silence

De toutes les pollutions, une des pires est le bruit permanent et ces bruits soudains qui nous assaillent de toutes parts, si bien que le silence devient aussi précieux que rare. Plusieurs en ont fait l'éloge. Ils ont rappelé que le silence nous apporte la paix, l'intimité avec soi, l'oreille intérieure plus fine, l'écoute plus attentive des autres. Il peut donner plus de sens, d'âme et de profondeur à notre vie. Il allie le spirituel et le réel. Il nous apprend à mieux nous reposer, à nous abandonner, à lâcher prise. Et surtout il nous aide à faire taire nos tumultes intérieurs de tous ordres.

Quand on cultive le silence, on se rend capable d'être serein, en prise sur soi-même, plus réfléchi. On devient même capable de prier dans un environnement bruyant.

Mais le plus bel avantage du silence, c'est qu'accessible à tous, il est le meilleur lieu et le plus fidèle compagnon d'une spiritualité au quotidien.

Le silence est très présent dans la spiritualité des moines et des religieux. Mais qu'en est-il de la vie des personnes qui vivent la vie de tous les jours ? Disons-le : il est toujours offert. Il ne se refuse jamais. Pas besoin d'être religieux pour s'y plonger. Il suffit d'éteindre la télé, la radio, le portable.

Eh oui, le silence est une voie d'accès au spirituel aussi bien pour les esprits laïcs que pour les esprits religieux. Le silence permet à tout le monde de méditer sur sa vie courante. Ce silence développe tout le contraire d'une spiritualité éthérée, ésotérique, inconsciemment superstitieuse et crédule. Cette spiritualité est d'ailleurs souvent très bavarde. Le silence dont je parle est consciencieux, dans tous les sens du terme. Il ouvre l'espace pour faire la vérité en soi, pour laisser parler la voix de la conscience, en plus de nous amener à penser par nous-mêmes. En spiritualité chrétienne, on appelle cela le discernement spirituel.

Par rapport à un passé religieux où tout était défini d'avance : nos croyances, la morale et même la conduite de la vie familiale et les règles de la société, le discernement spirituel effectué en notre âme et conscience a pavé la voie à l'introspection moderne et laïque qui conduit à la connaissance de soi et à la liberté intérieure. Le silence est une valeur de toujours, mais chez les laïques catholiques du Québec des années 1950, il a joué un rôle peu remarqué. Le silence intérieur actif des laïques a contribué à la libération des carcans traditionnels et à la réappropriation de leur conscience et de leur foi personnelle.

On ne critiquait pas ouvertement les curés et la religion, mais en son for intérieur, on n'en pensait pas moins. Cette émancipation allait trouver une première reconnaissance officielle dans le grand vent d'espoir soulevé par le concile Vatican II, en particulier dans sa déclaration sur la liberté religieuse.

Mais l'encre des documents conciliaires était à peine sèche qu'en 1968, comme je l'ai mentionné plus haut, l'encyclique « Humanæ Vitæ » sur le mariage et la régulation des naissances, question éminemment laïque, était écrite et proclamée sans la parole des laïcs chrétiens, sans leur discernement spirituel. Il s'ensuivit très rapidement des départs massifs de l'Église. Le silence libérateur des consciences et de la parole a pris un autre sens, celui de la rupture silencieuse.

Mais qu'à cela ne tienne. Une brèche avait été ouverte. L'Esprit Saint n'a cessé d'en entretenir le feu. Souterrainement, une Église autre est toujours en gestation. Certains catholiques se sont éloignés de l'institution ecclésiale et ont poursuivi leur chemin spirituel au sein d'autres Églises chrétiennes, mais plus nombreux sont ceux qui ont opté soit pour une foi plus personnelle, soit pour des engagements sociaux non religieux, soit pour une vie sans spiritualité religieuse.

Paradoxalement, un nouveau silence spirituel revient et se « fait entendre ». Dans ce silence ouvert aux différents chemins spirituels sans aucune discrimination, c'est la vie d'aujourd'hui, la vie tout court, ses sens ou non sens, ses valeurs à revoir, ses propres raisons et croyances qui se font entendre.

En tout cas, c'est ce que je vis présentement avec des gens de toutes allégeances. Je pense, par exemple, à la méditation qui a gagné un si grand nombre d'adeptes dans toutes les couches de la société. Paradoxalement, c'est en tournant provisoirement le dos à tout ce qui fait le quotidien qu'on peut y revenir de manière enrichie de lucidité et de présence. Je ne méprise pas les techniques de méditation. Je ne sous-estime pas le silence de retrait à l'écart. Je le pratique avec bonheur dans ma vie intérieure.

L'enjeu majeur du silence

Selon Bernanos, on ne comprend rien à la civilisation moderne, si l'on n'admet pas d'abord qu'elle est une conspiration universelle contre toute espèce de vie intérieure. Le mot conspiration me semble trop fort. Mais il est vrai que presque tout dans la modernité occidentale est tournée vers l'extériorité, même si beaucoup de gens disent qu'ils pensent et agissent uniquement par et à partir d'eux-mêmes (la subjectivité absolue). Même en éducation, la technologie compte, corrige nos fautes, communique pour nous, assure les transactions financières dans un très grand système que plus personne ne peut gérer (une économie sans sujet).

Tant de choses pour s'absenter de soi, et surtout une extériorité tellement prenante qu'elle envahit toute notre intériorité, avec ses mille et une images, nouvelles du jour, envies, etc. Je pense à cet homme seul devant sa télévision qui me disait : ici avec la télé je suis tantôt champion sportif, tantôt vedette du *star system*, tantôt personnage de téléroman, tantôt victime de la publicité.

Avec une intériorité aussi massivement encombrée, comment faire le silence en soi ? Comment se donner une vie intérieure personnelle ? Comment rechercher et avoir le goût d'une expérience spirituelle belle, bonne, heureuse, signifiante et inspirante ?

Pour y arriver, il faut bien voir et se convaincre que le silence est le premier pas et le futur compagnon d'une libération qui peut nous redonner de l'âme, de la force intérieure, de la paix, y compris la possibilité d'une aventure spirituelle riche et féconde. Y compris la capacité de faire du travail sur soi-même.

Le silence bien vécu et pratiqué est une des conditions de base pour vivre ce bonheur intérieur qui est toujours le fruit d'une conquête. Rien ici d'une solution de facilité. Il n'y a pas de recette en la matière !

Cette quête et requête de silence constitue un défi pour les Églises, y compris chez nous, au Québec. On constate que nos églises sont pour la plupart vides de jeunes. On pense même que sur ce point, tout espoir de changement est irréaliste. Je vais pourtant évoquer ici une des plus belles expériences spirituelles du XXe siècle, celle de Taizé où des milliers de jeunes adultes, sans religion ou de diverses religions, vivent un formidable apprentissage du silence et une forte expérience de spiritualité, je dirais même de mystique, qui les a marqués profondément. Au cours de la prière quotidienne à Taizé, un silence prolongé joue un rôle primordial. La prière silencieuse s'y fait à la fois personnelle et communielle. (Soit dit en passant, je vis cela avec mes paroissiens). Quand les jeunes expriment leur attrait pour Taizé, c'est en raison de l'expérience mystique qu'ils peuvent y vivre : « On découvre aussi qu'une vie intérieure s'élabore pas à pas », disaient quelques jeunes à leur retour de Taizé, en ajoutant que c'est aussi un lieu de beauté, de poésie et de joie. « Ah, Taizé, c'est un petit printemps ! »

Mais je veux revenir sur la dynamique mystique. Des jeunes laïcs venus de partout vivent à Taizé une formidable fraternité. Il faut une bonne dose de silence pour favoriser la ferveur et l'élan mystique. La quotidienneté bavarde est apparemment à cent lieux du goût et de l'expérience mystiques.

Et pourtant, comme nous l'avons vu, des courants mystiques de toutes sortes circulent dans des milieux laïcs, au cinéma comme en littérature. Ailleurs dans ce livre, j'ai fait l'exploration du constat « Les religions divisent et les mystiques rassemblent » et j'ai essayé de montrer que l'Occident et l'Orient ont un même fond mystique. On l'observe non seulement dans les religions, mais aussi dans l'évolution actuelle de la culture moderne. Il n'est pas sans intérêt de noter ici que le silence est une composante importante de tous ces champs mystiques.

En fait...

Je ne puis terminer ce chapitre sans avouer mon silence intérieur, qui parfois me rend extérieurement muet quand j'ai à témoigner de ma foi au Dieu invisible qui l'enveloppe d'un profond mystère. Bien sûr, son Jésus, humain comme moi, m'y apprivoise. Il n'en reste pas moins qu'aujourd'hui, je lis et médite la Bible et les évangiles avec le sentiment que Dieu s'en échappe très souvent, qu'il est Autre, autre que ma foi aussi, Autre que j'ai à risquer, au sens radical du terme.

Einstein à la fin de sa vie s'en prenait autant aux athées qu'aux curés qui, chacun à leur façon, « ont dépouillé le monde et Dieu de leur mystère » (Lettre à Maurice Solovine).

Là où j'émerge de cette nuit, c'est par une intuition spirituelle que Dieu est le Tiers de nos profonds rapports humains, un peu comme le silence est le Tiers dans nos dialogues d'âme. Dieu Tiers dans nos luttes de justice. Dieu Tiers dans nos rapports amoureux. Et, je me demande si, peut-être, le mystère trinitaire n'aurait pas quelque chose à voir avec le caractère ternaire de l'expérience humaine.

En bon curé que je suis, je me répète que désormais, la santé de l'Église, c'est le monde réel, où l'Esprit de Dieu se trouve à la fois caché, silencieux et intensément présent. C'est un des sens de ce que j'appelle une spiritualité laïque. Il m'est arrivé, comme cela, que c'est dans la vie, le pays réel, que le Dieu Tiers m'attendait.

Le silence dont je viens de parler est aussi bien celui de la bouche que celui de l'oreille. Une autre voie d'accès au spirituel passe aussi par l'oreille, mais également par les yeux. C'est la beauté.

VI
LA VOIE DE LA BEAUTÉ

Lorsque je parlais de mon projet d'écriture sur les voies d'accès au spirituel, plusieurs de mes interlocuteurs me disaient de ne pas oublier la beauté, surtout quand elle devient indicible, ineffable. N'arrive-t-il pas qu'elle transcende, tout en les assumant, le vrai, le juste et le bon ? Je me suis rappelé que Dostoïevski disait que la beauté sauvera le monde.

Avec une sensibilité aiguisée par cette invitation à parler de la beauté, je me suis mis à observer et mieux comprendre ce que le monde d'aujourd'hui et le quotidien de la vie courante nous révèlent.

Et on ne peut le nier, pour plusieurs, ce n'est pas « beau ».

Selon les pessimistes, nous vivons dans une société du « look », de l'apparence, du botox, du moi narcissique, du « m'as-tu vu à la télé », *du star system*, du spectacle, du virtuel souvent loin du réel. D'autres vont plus loin et dénoncent ce qu'on pourrait qualifier de culte de la laideur, une laideur dont les messages publicitaires nous abreuvent quotidiennement jusqu'à une insupportable overdose. Un film, une pièce de théâtre se doivent aujourd'hui d'avoir du « tordu » pour être bien cotés. De son côté, la violence s'habille d'un imaginaire fantasmatique qui atteint parfois le summum de l'horreur. Par ailleurs, dans la vie réelle, on méprise les personnes laides, tandis que la beauté physique qui correspond aux canons imposés plus ou moins subtilement par l'industrie de la mode et des cosmétiques ouvre toutes les portes.

Il y a là un contexte social malsain, étranger au moindre sentiment de beauté authentique. Comment ce monde aurait-il à un degré élevé le sens du beau alors qu'il cultive plus l'apparence que l'authentique ? Le vieux Henri de Lubac ne serait pas perdu dans le monde d'aujourd'hui avec son verdict cinglant : « Comment s'étonner de voir tant d'hommes insensibles à l'exigence de la pure idée du vrai quand on en voit tant qui sont pareillement fermés à tout rayonnement du beau [41] ? »

Je dis à ces pessimistes qu'ils ont largement raison, mais je m'empresse d'ajouter qu'il faut se battre de toutes ses forces contre les laideurs du mal, de l'injustice, des mauvaises herbes. Mais peut-on le faire sans être habité et guidé par le sens de la beauté, de la grandeur, la bonté, la générosité de cette terre et de son Créateur ?

---

41. DE LUBAC, H. *Nouveaux paradoxes*, Paris, Seuil, 1959, p. 99.

Quelle joie d'être un humain conscient, libre, responsable, d'une dignité sacrée inaliénable par laquelle nous nous découvrons à ta ressemblance, Seigneur Dieu ! Quelle joie de savoir encore et malgré tout estimer la beauté de tes enfants et celle des beaux êtres de grâce qui embellissent les milieux de vie et de travail ! Il suffit d'ouvrir les yeux pour admirer la formidable créativité culturelle d'ici qui nous offre des beautés admirables : en chant, musique, peinture, écriture, architecture, poésie, cinéma et théâtre. Oui, il est possible, nécessaire, même, de contrer le regard trop gris des pessimistes. Il n'y a pas de foi et d'espérance sans élan vers le côté ensoleillé des êtres, comme lorsque les plantes et les fleurs se tournent vers la lumière.

La beauté dont il sera question dans ce chapitre est bien sûr celle qui apparaît aux yeux : un beau visage, un beau paysage, une belle maison, et celle qui enchante les oreilles : une belle mélodie, une belle voix. C'est le champ de l'esthétique. Mais il sera tout autant question de ce qui provoque un « Ah ! Que c'est beau ! » : l'amour entre deux personnes, un geste d'entraide, la manière empreinte de dignité de supporter une épreuve.

Réalise-t-on suffisamment que les réalités qu'on dit belles sont toutes des réalités séculières ? Voilà pourquoi l'expérience intérieure de dilatation de l'âme que suscite quelque chose de beau est universelle, commune aux esprits humanistes comme aux esprits croyants.

En raison du caractère propre de ce livre, nous commencerons par voir quelques figures laïques porteuses d'une esthétique spirituelle inspirante.

Gaston Miron, l'homme qui faisait du beau

Aussi étonnante que l'affirmation paraisse, un des grands moments de l'itinéraire de Gaston Miron fut son dernier adieu. J'ai présidé ses funérailles à Sainte-Agathe avec un profond respect pour ses dernières volontés. J'ai pris le parti d'être un simple écho de sa poésie en m'effaçant le plus possible. Dès le début de la célébration, j'ai évoqué un des poèmes dédiés à sa fille bien-aimée Emmanuelle :

> Avec toi Emmanuelle
> Je suis arrivé à ce qui commence,
> Mon bel amour navigateur
> Mains ouvertes sur les songes
> Tu sais toutes les cartes secrètes de mon cœur.

Et puis, nous avons laissé toute la place à Gaston dans des poèmes qui anticipent et configurent son testament spirituel. Dans l'œuvre de cet homme si profondément engagé dans l'action culturelle et l'action politique ne cesse d'affleurer une transcendance à la fois ouverte sur l'humanité en mal de salut, et bien plantée dans sa terre d'élection, dans l'amour indéfectible qu'il voua à son peuple. Miron était « un croyant, un croyant dans l'homme, dans sa capacité à advenir, envers et contre tout » (C. Robertson). Son œuvre a été comme un défi lancé à la mort, « défi désespérément espérant » pour reprendre ses mots. Telle une lampe qui s'éteint lorsqu'un nouveau jour se lève. Du désespoir à la transfiguration, quoi !

J'ai donc invité les personnes présentes à se laisser prendre un moment par la beauté des mots du poète en suivant chacune leur propre chemin intérieur, comme une prière. Je peux y inviter à leur tour les lecteurs et lectrices de ce livre à éprouver ce spirituel auquel la beauté donne accès.

> Nous partirons de nuit pour l'aube des mystères.
> Nous ne serons pas seuls à faire le voyage
> D'autres nous croiseront parmi les paysages
> Comme nous, invités de ce jour qui naîtra.

> Après le temps passé dans l'étrange et l'austère,
> On nous accueillera les bras dans la lumière.
> Le passé, le présent que nous ne voudrons plus
> Les ennemis dressés que nous avons connus.

> De plus loin que moi, je pense à toi
> Tel qu'au jour de ma mort,
> Chaque jour, tu es ma seule voie céleste
> Ainsi l'éternité fait irruption dans l'instant
> Mais tu sais, j'écris ces choses avec fatigue
> Comme du bois qui craque dans le froid
> Alors de nouveau je m'avance vers toi
> Amour je te demande passage
> Amour je te demande demeure.

> Malgré l'érosion des peines tourmenteuses,
> Je parviens à hisser mon courage faillible.
> Je parviens au pays lumineux de mon être
> Que je t'offre avec le goût d'un cours nouveau [42].

---

42. MIRON, G. *L'homme rapaillé, passim.*

À la fin de ce poème, j'ai ajouté que ce cours nouveau était peut-être porteur de l'Esprit qui renouvelle toutes choses. Et j'ai conclu, reprenant ce que Brel dit magnifiquement de son ami Jojo :

> « Non Gaston, tu n'es pas mort
> Six pieds sous terre tu frères encore. »

Pierre Vadeboncœur, l'homme que passionnait le beau

Nous avons déjà rencontré Pierre Vadeboncœur dans notre intermède sur la mystique. Tout tourne en beauté chez lui, son style d'écriture, sa pensée, son art pictural, ses convictions et sa spiritualité. Cet agnostique du culte de la croyance, comme il se définissait, se désole souvent de l'insignifiance, de l'évacuation de la culture, de la généralisation de la bêtise et n'a de cesse de les dénoncer ; mais il explore surtout, à des profondeurs rares chez nous, le mystère de l'art, de la création, de la forme, en un mot, de la beauté.

Cette exploration têtue mais surtout éblouie du beau est pour lui une voie royale, son lumineux chemin spirituel, jusqu'à le conduire à l'expérience mystique séculière la plus élevée, comme nous l'avons vu plus haut.

Que de pages on pourrait citer ici pour illustrer cela de manière concrète ! Je ne retiendrai que ces lignes consacrées au « sacré », qui laissent pressentir, entrevoir, même, la profondeur à laquelle la sensibilité au beau peut conduire.

Gardez à certains mots leur inaliénable secret, tout comme les mots de la poésie. Le mot « sacré » est de ceux-là. Ils brillent d'un éclat qu'il ne peut s'agir d'éteindre en les expliquant ou en les rejetant... Vous pouvez vous en moquer, mais il reste indemne. Il a, comme l'Art, un attribut : la souveraineté... Le matérialisme était étroit. L'âme ne respirait plus. Je sais seulement que, par son rayonnement, le sacré éclaire les plus pures dispositions humaines et les favorisent. Peu importe que lui-même demeure plus ou moins insaisissable, ou plutôt c'est là un avantage, comme ce l'est dans la poésie [43].

Chez Vadeboncœur la beauté du spirituel, ou le spirituel de la beauté, a cette caractéristique de ce dont on ne peut pas disposer. Cela conteste radicalement une certaine pratique fort répandue, celle de disposer de tout : le tout à acheter, à utiliser, à jeter. Voilà de quoi paver le chemin à la banalisation, à la vulgarisation, à l'irrespect et inconsciemment, à toutes ces laideurs non reconnues comme telles. Mais la critique de Vadeboncœur lui sert d'appui pour sa posture spirituelle positive. « Je tourne plutôt et entièrement vers ce qui peut être, en particulier, de plus élevé que nous et qui se propose au-delà des négations. »

---

43. Vadeboncœur, P. *La clé de voûte*, Bellarmin, 2008, p. 30-32.

Éric-Emmanuel Schmitt, l'homme qui se sert du beau

Ce romancier et dramaturge est, selon moi, une des figures spirituelles majeures des dernières décennies. Je m'inspire ici de sa biographie spirituelle écrite sous un mode esthétique. Son titre donne déjà le ton : « Ma vie avec Mozart »[44].

Éric-Emmanuel sait bien que si Mozart a composé la musique et le chant de plusieurs messes, c'est qu'il gagnait sa vie en remplissant les commandes de son patron, le prince-archevêque Colloredo. Mais pourquoi cette musique est-elle si intense ? Prenons le *Kyrie eleison*, « Seigneur, Prends pitié ». Il est facile de se moquer aujourd'hui de la supplication qui témoigne d'une foi que nous avons beaucoup connue dans le passé et de suspecter son dolorisme, mais c'est parce que nous ignorons l'expérience qui la fondait, l'expérience quotidienne de la souffrance, car la souffrance a été une compagne assidue de Mozart. Mais chez lui, ce chant de peine est inséparable du chant de joie, l'*Alléluia*.

Dans la musique de Mozart, Éric entend deux chants : le chant de la créature et le chant incréé de Dieu. « Tu permets, dit-il à Mozart, l'accès à la vie mystique par l'art des sons. Tu nous ouvres les yeux sur l'invisible... L'œil de Dieu. Encore une fois, comment fais-tu ? D'où tiens-tu ce savoir ? »

---

44. Schmitt, É.-E. *Ma vie avec Mozart*, Paris, Albin Michel, 2005.

Lui-même, Éric-Emmanuel, l'athée, comment lui est venue, dans le désert, cette foi qui lui ouvre les yeux sur l'invisible ? N'est-ce pas, comme pour Mozart, un pur don qui conduit à un sentiment de plénitude comparable à celui auquel donne accès l'écoute d'une musique sublime ?

> Lors de ma nuit sous les étoiles, perdu dans le désert du Sahara, tandis que j'avais l'intuition de me trouver en compagnie de Dieu, cette tension, ce souci permanent de mon esprit s'est interrompu pour laisser place à une plénitude satisfaite. L'être l'emportait sur le néant, la présence sur l'absence, le son sur le silence, comme lorsque je t'écoute, mon cher Mozart. (p. 130)

Il dit à Mozart que comme écrivain, il sait combien certains mystères ne se laissent pas fouiller par les mots. « Grâce à Mozart, je découvre que l'expérience de la musique a partie liée avec l'expérience mystique. » Et il montre comment la musique permet de réconcilier, comme dans la vie de Mozart, l'irréconciliable, à savoir le malheur et le bonheur : « Dire j'aime Mozart, c'est se mettre à nu et avouer qu'au fond de son âme les autres peuvent encore apercevoir un enfant, une joie, une allégresse… Tu renouvelles notre existence en un chant jubilant où même la douleur et le malheur se rangent à leur place, car être heureux, ce n'est pas se protéger du malheur, mais l'accepter. »

Miron, Vadeboncœur, Schmitt : trois hommes de la parole, des mots, mais aussi du pays, des arts visuels et de la musique. Trois spirituels du séculier, au vrai sens du terme, du quotidien, qui ne mettent pas du spirituel dans l'ordinaire, mais qui savent faire voir le spirituel dans lequel baigne ce dernier.

Regards croyants sur la beauté

Malgré des progrès fulgurants, les scientifiques se demandent encore quand et surtout comment, dans l'évolution de l'univers et de la vie, a émergé l'être humain conscient et libre. Certains disent que c'est lorsque des êtres vivants ont pu s'émerveiller de la beauté de la nature et créer du beau à leur tour. Étonnamment, on trouve cela dès les premières pages de la Bible, dans le premier récit de la création, qui relie l'ordre et la beauté du monde à Dieu son créateur, et dans le deuxième récit, qui met en scène un Dieu qui sculpte l'être humain avec de la terre et de l'eau, comme font des artisans depuis l'avènement de l'être humain.

Dans les impressionnantes peintures et, parfois, les magnifiques reliefs représentant la vie animale et la vie humaine qu'on a trouvés dans les cavernes habitées par des êtres primitifs il y a des millions d'années, les anthropologues voient apparaître les premiers indices du sens du sacré, très tôt dans le processus d'hominisation de nos ancêtres animaux.

Nous l'avons vu en suivant la première voie d'accès au spirituel : la vie animale, la vie humaine, toute la nature en général ont toujours offert des spectacles grandioses qui font dire, encore aujourd'hui, à ce vieux Médée : « Avec un beau crépuscule comme ça, ça donne du courage pour le lendemain et puis ça te fait deviner qu'il y a quelqu'un de plus grand pour faire cette immense beauté. »

Pour peu qu'on s'y arrête, les textes bibliques décrivent des spectacles de beauté toute simple, qu'il s'agisse de la solitude éclatante des déserts, de montagnes sacrées ou de majestueuses tempêtes. On prête généralement très peu d'attention à ces détails tellement on cherche un message plus « spirituel » : mais la spiritualité n'est-elle pas d'abord là, dans ce qu'offrent à l'œil et à l'oreille les réalités les plus quotidiennes ? Pour qui sait regarder, la Bible dépeint la montagne, le lac, l'eau fraîche, la brise du soir, le sous-bois, le jardin où tout pousse silencieusement, la nuit et des matins et des crépuscules d'une beauté intime qui invite au recueillement. En même temps, évitant de diviniser les beautés terrestres, elle rappelle constamment la fragilité de soi, comme si la vie était une passerelle qui peut céder n'importe quand. Comme ces passes difficiles de la vie où l'on a besoin du secours des autres et de Dieu.

Et puis, la Bible connaît l'inquiétude devant un monde sens dessus dessous, marqué par la laideur. Avec la tentation de s'enfermer sur soi-même, comme le prophète Elie déçu de l'incroyance de son peuple, déçu de sa religion qui allait tout de travers, de l'échec de sa mission, de sa vocation dont il ne voyait plus la beauté. Sors de ta caverne intérieure, lui dit Dieu, sors de ton tumulte intérieur. Fais silence en toi, car c'est en silence que je te parle et t'inspire confiance, force et liberté intérieure. Libère ton regard trop gris (voir *1R* 19).

À son tour, c'est à partir de la beauté que l'Évangile nous parle de confiance. Ne voit-on pas Jésus s'attarder devant l'éclat des fleurs sauvages en disant que même Salomon, dans toute sa splendeur, ne fut pas vêtu comme l'une d'elles ? (*Mt* 6,29) Voilà où il puise l'invitation à retrouver la confiance perdue. « Si ton œil est sain, ton être tout entier le sera », dit-il encore (*Mt* 6,22), car c'est notre regard qui manque à la lumière et non pas la lumière qui manque à nos yeux. Si nous ne voyons que la grisaille désespérante de la vie et de ce monde, c'est qu'il y a une part de soi et de sa foi qu'on a refoulée.

Pour Jésus, Dieu ne cesse de nous tendre la main, dès qu'on l'appelle avec foi et confiance, comme dans cette fresque sublime de Michel Ange où la main du Créateur et celle de l'homme se cherchent, s'appellent et se rejoignent sans même se toucher. Oui, l'assise de cette foi-confiance à retrouver, elle est là, tapie dans la beauté de nos paysages quotidiens. Pétunias, impatientes, lys, dahlias, bégonias, capucines, géraniums, tirés d'une même terre sous un même ciel, quelle incroyable beauté ! Les fleurs nous parlent toutes de toi, Ô divin créateur qui cherches à sculpter en nous d'aussi riches beautés intérieures. Elles appartiennent à cette voie d'accès, à ce chemin intérieur qui, comme pour ces plantes vivaces, nous tourne vers la lumière qui fait renaître et éclore à nouveau, avec plus de force et de fécondité, en fleurs et en fruits.

Il y a quelque temps, j'ai accompagné à l'hôpital un vieil homme parvenu à sa fin de vie. Il vivait une douloureuse crise de foi qui le plongeait dans une profonde nuit intérieure. Je me sentais impuissant. Un soir, son arrière-petit-fils vient le visiter avec ses parents. On le fait monter sur un banc pour qu'il puisse le voir et le toucher. De ses petits bras, il entoure la tête du vieil homme et lui dit : « Papi, tu t'en vas au ciel, tu vas pas m'oublier, tu vas m'aimer encore avec le Bon Dieu. » J'étais dans la chambre à ce moment-là. J'ai vu le visage transfiguré du moribond qui m'a fait signe de la tête et a murmuré : « Bénis-moi. » On était tous là avec le sentiment d'assister à quelque chose d'une beauté sublime. L'œil du vieil homme a repris son éclat. Il venait de sortir de sa nuit. J'ai alors pensé à la transfiguration de Jésus de Nazareth qui annonçait que sa mort prochaine n'aurait pas le dernier mot.

La nuit de laquelle cet homme semblait émerger m'a fait penser à ce si beau poème de Péguy sur le sens spirituel de la nuit. C'est Dieu qui parle :

> Ô Nuit, ô ma fille la nuit, la plus religieuse de mes filles, la plus pieuse de mes filles, de mes créatures, la plus dans mes mains, la plus abandonnée.
> Tu me glorifies dans le sommeil encore plus que ton frère le jour ne me glorifie dans le travail car l'homme dans le travail ne me glorifie que par son travail.
> Et dans le sommeil, c'est Moi qui me glorifie moi-même par l'abandonnement de l'homme.
> Et c'est plus sûr, je sais mieux m'y prendre.
> Nuit, tu es la seule qui panses les blessures, les cœurs endoloris.
> Tout démanché, tout démembré.

Ô ma fille aux yeux noirs, la seule de mes filles qui
soit, qui puisses te dire ma complice...
Dans la nuit de la foi, laissons agir le Seigneur.
Il vient[45].

S'il y a des beautés qu'on pourrait qualifier de « plastiques », il en
est d'autres moins immédiatement saisissantes, mais qui apparaissent tout autant au regard intérieur qui sait être attentif. Aux
beautés plastiques, je préfère des émerveillements plus naturels,
plus directs, et non de seconde main. Des émerveillements devant
des beautés qui ne sont pas dans le champ de la caméra. Des
beautés dans mon propre regard. Beautés que je peux intério-
riser. Beautés qui ont de l'âme. Beautés d'une mémoire d'émerveillement telle cette feuille d'érable sèche mais encore bellement
colorée, mince comme un signet, entre les pages du vieux dictionnaire Larousse qui remonte à ma jeunesse. Le temps de mes
premières initiations à l'émerveillement. La beauté qu'on dessine,
sculpte ou chante, quoi !

Et puis il y a la beauté de ces feux de camp inoubliables. Celle
de mes premiers regards amoureux jusqu'à ceux de ma vieillesse.
Celle des prières que j'ai moi-même écrites. Celle même de ma
souffrance de ne pas avoir de petits-enfants ; paradoxalement,
elle démultiplie mes joies de les prendre dans mes bras lors des
baptêmes.

---

45. PÉGUY, C. *Le porche du mystère de la deuxième vertu.*

Beauté de ce bouleau blanc qui pousse dans la souche d'un vieux merisier, comme ma ferveur et ma force spirituelle dans mon vieux corps.

Ces beautés me tiennent en vie. C'est même une sorte d'émerveillement « natal ». Plus je vieillis, plus ma spiritualité se tourne vers le Créateur et sa création. Tout le ciel qui m'attend, toute la terre qui m'est offerte. Goûter infiniment la vie. En faire une communion à la fois charnelle et spirituelle. Comme si je m'habitais davantage tout en étant plus capable de communier à l'être des autres qui sont sur mon chemin. Bref, une beauté intérieure et relationnelle ouverte au partage spirituel. Mes plus beaux dialogues sont de cette veine de sens et de bonheur.

« L'amour de Dieu pour l'Homme enveloppe le spirituel dans le sensible[46]. » Je retiens difficilement ici mes interrogations sur le discours moral de mon Église sur les gens mariés. Les responsables d'Église, presque tous célibataires, n'ont pas grand-chose à dire du « sensible » sexuel enveloppé par l'Amour de Dieu ; ni sur la beauté spirituelle de leur intimité amoureuse physique. Qu'on les laisse donc bâtir leur propre spiritualité sans intrusion moralisatrice ! Eh oui, s'ouvrir au sensible des expériences quotidiennes qui nourrissent notre spiritualité, si tant est qu'on sache leur donner de l'âme et être à l'affût de ces étonnants petits émerveillements de la vie. Même l'athée Jean-Paul Sartre parle de cela dans son livre savant *L'être et le néant*. Hélas, j'en ai perdu la référence exacte.

---

46. DENYS L'ARÉOPAGITE (V^e-VIe siècles). *Les Noms divins*, Paris, Aubier, 1980, p. 67-77.

Les beautés urbaines

J'ai vécu en ville la plus grande partie de ma vie. Dans la ville de Saint-Jérôme d'abord. Elle a été mon principal pied-à-terre. À Montréal, ensuite, où j'ai enseigné pendant 32 ans à l'université et où je logeais trois jours par semaine. J'ai aussi fait de longs séjours d'étude à Rome et à Paris. Par la suite, j'ai eu des étudiants des cinq continents, ce qui m'a valu d'aller dans les grandes villes de leur pays, parfois pour un bon moment.

Je ne dis pas cela pour ma gloriole, mais pour soulever le fait que j'ai pu voir différentes beautés urbaines, surtout dans des quartiers populaires. Dans un des quartiers pauvres de Naples, par exemple, j'ai lu des graffitis dont un m'a particulièrement frappé : « Noi siamo la splendida realta. » Nous sommes la splendide réalité. Rien ne pouvait apporter un meilleur démenti à l'équation : pauvreté = misère et laideur.

C'est justement dans un quartier pauvre de Saint-Jérôme que j'ai vécu toute mon enfance et mon adolescence. Nous n'avions rien à envier aux autres puisque nous étions tous pauvres. Notre promiscuité de rue en était une heureuse la plupart du temps. La pauvreté était vécue avec un sens de dignité, de beauté, de respect de soi et des autres. Nos petits bonheurs étaient souvent partagés et nos malheurs de famille encore plus. Il n'y avait pas vraiment de solitude, sans pour cela qu'on se nuise les uns aux autres. Une santé sociale, quoi !

Je sais, je sais, on me dira que j'idéalise le passé. On devrait plutôt s'inquiéter de l'avoir noirci de part en part. Pourtant, combien de gens qui ont vécu cette époque m'ont exprimé d'aussi beaux souvenirs ! Saint-Jérôme était une ville ouvrière abonnée aux petits salaires. J'y ai participé à des luttes de justice durant quelques décennies. Il y avait là une fierté, une noblesse qui embellissaient notre ville, notre vie commune.

À Montréal, ce fut plutôt la grande diversité des quartiers qui m'a plu. Dieu que j'ai pris de longues marches heureuses au cours de mes trente ans de séjour ! Il y avait de tout : des terrasses enjouées, des rues silencieuses, des coins qui me semblaient cacher un microclimat. L'enchantement du Vieux-Montréal. La piste cyclable le long du fleuve. Les randonnées au Mont-Royal. L'émouvante piété multireligieuse et multiethnique à l'Oratoire. Même les ruelles de la Petite Patrie étaient chacune unique, recelant je ne sais quoi de beautés inattendues. Les « stations » de métro, toutes différentes les unes des autres. Les parcs fréquentés par des familles venues de diverses nations. Pour bien des étrangers, Montréal est une belle ville cosmopolite et chaleureuse. Aurait-on besoin de ce regard pour corriger notre vision trop grise et même ignare des beautés de Montréal ?

Il y a à Montréal, on le sait, de nombreux festivals. La ville, comme toute ville d'ailleurs, est un lieu d'une formidable créativité culturelle, donc chargée d'un énorme potentiel de spiritualisation par la beauté. En ville, cette beauté peut toujours survenir, inattendue. Personnellement, j'ai toujours été très chaleureusement accueilli, avec l'artiste écrivain Pierre Vadeboncœur, par exemple, avec des textes poétiques que nous présentions en introduction à des concerts ou des soirées de poésie. L'urbanité se prête à ces rencontres libres où même l'anonymat socialise au même diapason, sans la moindre discrimination.

Et puis, ce qu'il y a de beau dans une ville, c'est la multitude des restaurants où l'on vit parfois des moments de grâce qui touchent les fibres les plus sensibles du cœur. Rencontres d'être à être, voix, regards et sourires qui viennent du fond de l'âme. Chimie d'intimité et d'altérité, de chair et d'esprit, de pain et de vin. Renouement avec les profondeurs spirituelles de notre humanité. Et parfois, d'indicibles sortilèges et d'ineffables envoûtements. Un je ne sais quoi de transcendant, de mystique, d'inconditionnel, de gratuit, comme l'ami qui sait tout de toi et qui t'aime quand même. Ah, ces repas, souvent interminables, au restaurant en ville : leur charme et leur beauté ! Et aussi, bien sûr, à la maison.

Et puis, il y a à Montréal des églises qui accueillent des manifestations culturelles et sociales, mais aussi des personnes qui ont tout simplement soif de silence pour se reposer ou pour se retrouver. Une autre caractéristique d'une spiritualité laïque. Ici, je pense à un propos éclairant de Michel de Certeau. Je le résume. Selon lui, les églises introduisent de magnifiques espaces vides dans le tissu de la ville. Un des rares lieux où il y a place pour la beauté, le silence et l'intériorité, où l'Autre, le grand silencieux, vient vers nous. Il peut y avoir là quelque chose dont parlait Saint-Exupéry : « Ce qui fait la beauté du désert, c'est qu'il y a un puits quelque part. » On pourrait dire : ce qui fait la beauté de la ville, c'est qu'il y a des églises qui... En France, les églises sont toujours ouvertes et il y a un responsable spirituel disponible pour l'accueil. Eh oui ! La France dite laïque antireligieuse a de ces surprises ! À Montréal, la chapelle Notre-Dame de Bonsecours, la cathédrale ou l'Oratoire Saint-Joseph sont toujours ouverts. À l'image de Dieu, la maison est toujours accueillante pour quiconque y entre. Il y a là un souffle de beauté spirituelle qui me fascine et me bouleverse.

De belles églises comme l'église Notre-Dame, dans le Vieux-Montréal, impressionnent par la richesse de leur décor. Par ailleurs, je note le dénuement et la sobriété des églises protestantes, des synagogues et des mosquées. Peut-être y a-t-il du trop plein dans nos églises catholiques? Il y en a en tout cas dans nos liturgies qu'on surcharge souvent pour les rendre soi-disant plus belles. Tout ce qu'on peut mettre dans la messe du dimanche! Comme je l'ai dit dans le précédent chapitre, je prends la liberté d'y aménager plutôt des plages de silence. La prière silencieuse est à la foi personnelle et communielle. J'ai pris le temps nécessaire pour y arriver. Et j'ai noté que ce sont les moments les plus intenses. Et en même temps souvent les plus émouvants.

Mais revenons aux beautés urbaines, car je pense encore à mes périples internationaux dans les cinq continents. J'ai détecté et humé des odeurs différentes, j'ai observé des architectures particulières dans chaque grande ville. Des odeurs hélas disparues, des architectures malheureusement banalisées, si j'en crois mes séjours récents. Car on trouve maintenant partout les mêmes commerces, on respire les mêmes gaz, on observe les mêmes modes de consommation. Disparues, les touches physiques, culturelles et spirituelles qui en faisaient le charme unique. Je n'ose pas dire: perte de leur âme. De plus en plus, c'est le triomphe du pareil, sauf au chapitre des inégalités croissantes... N'y a-t-il pas plus de beauté dans la diversité que dans l'uniformité ? Peut-on protéger l'idéal d'un monde autre ?

Récemment, il m'a semblé comprendre que des villes renaissaient, comme si leurs habitants, révoltés, voulaient reprendre le devant de la scène. Ré-humaniser leur ville, si je puis dire. À tort ou à raison, je trouve là-dedans quelque chose de beau, de moral, de spirituel, de chargé d'espérance. Elle est belle, cette nouvelle conscience de l'humain qui vaut par lui-même et pour lui-même.

L'enjeu de tout cela est aussi spirituel. Eh oui ! Il en va de la foi en l'avenir, y compris dans l'enjeu le plus universel, à savoir celui de sauver la planète, la vie, et bien sûr, notre humanité. On ne vivra pas cela sans l'amour de l'être humain, de sa beauté, de sa grandeur, de son âme et conscience. Eh oui, plus que jamais, l'humanité est une, mais elle ne doit pas pour autant être uniforme. Elle se doit de devenir autre qu'un immense marché, qu'un monstre financier, autre que la reproduction à l'identique des mêmes modes, et présenter autre chose que le même spectacle offert par le *star system*. Il y a toute une beauté humaine, culturelle, modale et spirituelle à refonder.

Prière urbaine

La beauté suscite souvent un cri d'émerveillement : « Ah ! Que c'est beau ! » Puis, le souffle coupé, le silence s'impose pour qu'on puisse la savourer. De même, après avoir évoqué les beautés urbaines et pour terminer ce chapitre, j'éprouve le besoin de reprendre en mes propres mots une prière anonyme, car j'ai aussi besoin de me retrouver au fond de moi.

> Seigneur, fais-moi ralentir.
> Apaise les battements de mon cœur
> en tranquillisant mon esprit.
> Calme ma vie de citoyen pressé
> avec ton indéfectible présent.
> Donne-moi, malgré la confusion de ma ville,
> le calme du sommet du Mont-Royal.
> Enseigne-moi l'art de prendre de petites vacances
> d'un moment
>> pour causer avec un voisin,
>> pour flatter un chien,
>> pour lire quelques pages d'un bon livre
>> de chevet.
> Fais-moi ralentir, Seigneur,
> aide-moi à faire pousser mes racines
> en profondeur dans le sol de mes convictions
> pour m'ouvrir aux choses qui ne meurent pas
> comme les étoiles de ton ciel infini.
> Eh oui, ralentis-moi au pas à pas
> pour mieux sentir ta présence
> dans mon chemin de vie et de foi.
> Apprends-moi à me reposer en toi,
> à mieux m'habiter avec ta grâce,
> ta paix et tes bienfaits.

Je pourrai alors savourer la beauté de ma vie,
proclamer celle de la vie,
et contempler la tienne, présente en filigrane dans
tous les replis du quotidien.

Ce filigrane logé dans les replis du quotidien, c'est là, à l'intérieur, au plus intime, que se trouve la source du regard sensible et de la dilatation de l'être que provoque la beauté.

Quand j'étais jeune, les mères disaient parfois à un enfant qui avait fait un mauvais coup : Ce n'est pas « beau » ce que tu fais là ! Comme s'il y avait une accointance entre ce qu'on peut dire beau et ce qui est juste et bon. Ce qui est juste, ce qui est bon, c'est le domaine de la conscience, notre prochaine voie d'accès au spirituel.

VII
LA VOIE DE LA CONSCIENCE

Les rayons des librairies et des bibliothèques consacrés à la spiritualité abondent en titres qui comportent le mot « conscience » : « *La pratique de la pleine conscience* », « *Quand la conscience s'éveille* », « *L'envol de la conscience* », « *L'observation de soi – L'éveil de la conscience* », la liste serait très longue. Ce n'est pas par erreur que les libraires rangent ces volumes sur les rayons de la spiritualité plutôt que de la psychologie : devenir pleinement présent à soi-même et au monde n'est pas un objectif purement psychologique : il est hautement spirituel.

De leur côté, les psychanalystes aident leurs clients à accéder à ce qui, enfoui dans leur inconscient, conditionne leurs choix et explique leurs pulsions. En forçant la note, on pourrait dire qu'ils veulent rendre l'inconscient conscient. Il faut beaucoup de courage et de persévérance pour vivre à fond cette démarche, et cela aussi peut se révéler un véritable cheminement spirituel.

À la suite du Brésilien Paolo Freire, les animateurs sociaux font du travail de « conscientisation ». Ils aident les groupes démunis ou opprimés à prendre conscience de leur situation et à comprendre qu'elle n'est pas une fatalité mais a des causes sur lesquelles il est possible d'agir. Ils cultivent l'émergence d'une conscience agissante et transformatrice, et ce mouvement intérieur peut sûrement constituer, lui aussi, une voie d'accès au spirituel et inspirer une spiritualité laïque au quotidien.

Et pourtant, ce n'est à aucune de ces « consciences » que je veux consacrer ce nouveau chapitre. C'est plutôt à une conscience négligée, voire déconsidérée que je souhaite m'arrêter : la conscience morale, qui était la seule réalité que désignait ce terme jusqu'au XVIIe siècle. Depuis, elle a été mise à mal par le doute sur sa nature (est-elle le produit d'un conditionnement social ?) ou son origine (n'est-elle que la manifestation du surmoi de Freud ?) et, surtout, par le rejet d'un moralisme chrétien étouffant emprisonnant la personne dans un filet d'obligations et d'interdits.

La conscience morale est pourtant pour tous, croyants ou non, une très importante voie d'accès au spirituel.

Un contexte troublant

En 2013, la Commission d'enquête sur l'octroi et la gestion des contrats publics dans l'industrie de la construction (Commission Charbonneau) a révélé l'existence, au Québec, de pratiques de corruption très répandues et systémiques dans certains milieux des affaires, de la politique, de l'administration publique et de la profession d'ingénieur.

Grâce aux médias, on a entendu plusieurs fois avec effarement des fraudeurs dire que leur geste était parfaitement « légal », point à la ligne. D'autres disaient qu'ils ne pouvaient faire autrement, comme si « le système » était seul responsable. Si bien que dans plusieurs scandales, les responsables demeuraient introuvables, voire inexistants.

Certains décrivaient leurs magouilles avec une quasi-fierté et semblaient ne pas avoir la moindre conscience de l'immoralité de leurs pratiques installées pendant des décennies. Leur visage ou leur bouche ne révélait pas le moindre sentiment de culpabilité ou de remords. D'autres encore avaient su effacer les traces frauduleuses de leurs pratiques dans les dédales de la hiérarchie bureaucratique. Et c'est sans parler de ce silence farouche et forcé (Omerta) entourant les pratiques secrètes et illégales d'alimentation de la caisse électorale des différents partis politiques municipaux ou provinciaux.

La plus consternante stratégie d'évitement de ces graves problèmes a toutefois été le refus obstiné de créer cette nécessaire Commission d'enquête. On l'a justifié de mille prétextes : parce que « ce n'est pas pire ici qu'ailleurs », parce que « c'est partout pareil dans le monde » et parce qu'il fallait « laisser agir la police » qui traduirait en justice les individus fautifs. Comme ces propos ont été tenus par la plus haute autorité politique alors que les faits massifs de corruption étaient déjà étalés et étayés dans tous les médias, on peut comprendre le dégoût et le cynisme de la population envers la politique. Quand j'étais jeune, on disait : la politique, c'est sale. Aujourd'hui, on dirait : la politique, c'est croche.

Par ailleurs, il y a une autre manière de contourner la question, plus inquiétante et plutôt souterraine : régulièrement on murmure dans les chaumières. « Bah, dit-on, combien de gens pratiquent des magouilles semblables : travail au noir, évasion fiscale, exploitation frauduleuse des politiques sociales et des ressources publiques, publicités mensongères ! » La fibre morale serait profondément érodée, au dire de certains. Je pense à cet adolescent délinquant qui dit à ses parents : « Aujourd'hui, tu ne peux pas réussir si tu es trop honnête. »

En réalité, c'est toute l'éthique qui est en crise. Lors d'une entrevue de groupe, plusieurs participants ont rapporté combien de fois, en réunion, on évitait systématiquement d'aborder le côté moral d'une question. « Chacun reconnaît qu'il y a là un problème moral, mais lorsqu'il est question de l'aborder de front, un peu tout le monde se défile, car personne ne veut que quelqu'un d'autre lui impose sa morale. » Le souvenir du caractère absolu et indiscutable du moralisme religieux d'hier conforte cette position de fuite et de refus.

On peut se demander si cet évitement dépend d'une incapacité ou d'une peur de formuler sa propre position morale, ou ne résulterait pas du postulat relativiste : « À chacun sa morale. » Il serait donc impossible, sinon inutile, de se jeter dans une foire d'empoigne. « Chacun a droit à ses idées et droit de vivre sa vie comme il l'entend. »

Mais il existe une troisième raison, bien réelle, mais peu avouée, à savoir l'interdit d'évoquer cette dimension qui n'a pas sa place dans la logique scientifique, professionnelle, fonctionnelle et pratique. À ma souvenance, pendant les nombreuses heures où j'ai écouté les témoignages à la Commission Charbonneau, je n'ai pas entendu prononcer une seule fois les mots morale et conscience. Aucune référence explicite à ces dimensions qui sont pourtant au centre même de tout ce problème de la corruption dans les affaires publiques.

En écrivant ceci, je pense à une soirée de discussion dans mon groupe de réflexion chrétienne en milieu professionnel. Un médecin membre du groupe soulevait une question qui n'est pratiquement jamais abordée dans le monde de l'éducation et de la formation professionnelle. Écoutons les propos de cet homme qui avait poussé très loin ses études :

> Plus j'avançais dans mes études, moins j'avais le droit de penser et de formuler des jugements de valeurs. Maintenant, dans mon bureau clinique, je suis souvent confronté à une tâche de clarification des enjeux de valeurs de mes patients, si tant est que je ne suis pas seulement un intervenant fonctionnel. Parfois, ça va jusqu'à me mettre en position de médecin de l'âme. Je ne le fais pas avec un positionnement confessionnel. Il y a du spirituel qui concerne tout le monde.

Et la discussion de continuer dans cette foulée. Un psychiatre du groupe raconte à son tour :

Je suis quotidiennement en contact avec des gens confus intérieurement. Je fais partie d'un groupe de professionnels à la Régie régionale. Depuis quatre ans, dans nos rencontres mensuelles, on s'est disputé sur des questions de pouvoir, de programme et de fric ; mais n'avons-nous pas la responsabilité morale de réfléchir sur ce qui se passe chez les gens, qui sont la première raison d'être de notre travail ? Ça devrait concerner nos propres profondeurs morales et spirituelles. Pourquoi est-ce si difficile de penser, de réfléchir et de délibérer à ce niveau-là ?

Et un autre participant d'ajouter : « Il y a là un plus large défi qui concerne l'ensemble de la société. Je vais parler en termes médicaux : la santé morale d'une société est tributaire de la qualité de la conscience de ses citoyens. »

C'est à ce moment-là que je suis intervenu. J'ai évoqué un des écrits les plus percutants du XXe siècle, le roman de Franz Kafka, *Le procès*. « Aux portes du palais de justice, un homme crie à fendre l'âme : "Mon droit, c'est mon droit" et, de l'autre côté de la porte qui lui est fermée, une voix répond : "La loi, c'est la loi." En termes d'aujourd'hui, ça veut dire : aussi bien une permissivité fondée sur un droit individuel sans limite que son contre-pied la loi et l'ordre sont aussi aveugles. Mais le problème soulevé par Kafka n'est-il pas tout autre, à savoir celui d'une conscience informe, incapable d'identifier le quoi, le pourquoi et le comment du droit qu'elle revendique et de la loi qui y correspond, et aussi une conscience incapable d'articuler son jugement[47]? »

Regain de la conscience et de la morale

Ceci dit, j'observe dans la population une réprobation générale des stratagèmes qui ont vicié une partie de l'industrie de la construction. Si cette réprobation en mène certains à un grand désabusement, ne représente-t-elle pas, pour la plupart, un sursaut de la conscience morale et un appel à plus d'intégrité et de transparence dans la gestion de la chose publique et, en particulier, de l'argent des contribuables? Un tel regain serait un signe de santé et d'espoir. Et si c'était là un retour à un idéal de justice sociale conjugué à l'essor du libre sujet-citoyen qui permettrait de chercher à développer des consciences fortes, à replacer la conscience au centre des enjeux actuels et des nouvelles requêtes de nos sociétés démocratiques plus ouvertes et libres, mais en même temps plus fragiles? Et si encore renaissait le sentiment que la conscience constitue le seul socle spirituel commun dans un contexte de pluralisme moral où l'on se renvoie les uns les autres dos à dos, au point où le débat proprement moral devient impossible tant chacun campe sur sa position érigée en absolu, comme on l'a vu récemment à propos de l'homoparentalité?

---

47. GRAND'MAISON, J. *Au nom de la conscience, une volée de bois vert*, Montréal, Fides, 1998, p. 37.

La conscience, voie d'accès au spirituel

La conscience morale est une des principales portes qui ouvre sur le spirituel. Elle concerne en effet la conduite à tenir dans telle ou telle situation, et la personne en décide en se référant aux valeurs et aux principes qui gouvernent sa vie. Le jugement de conscience ne s'exerce donc jamais sur des principes généraux, toujours sur des réalités du quotidien auxquelles elle les applique. De plus, la conscience est une voix intérieure qui parle au plus intime de soi. Elle demeure inaccessible à qui ne connaît pas un minimum d'intériorité. Elle implique de « s'arrêter, pour y penser », comme on dit familièrement. Elle s'exerce quand on est seul avec soi-même. Enfin, si intime soit-elle, la conscience force l'individu à sortir de lui-même, à se décentrer de ses pulsions et intérêts immédiats pour voir plus grand que lui et plus loin que le présent ; elle le confronte à des règles mais surtout à d'autres libertés.

– Intériorisation

La morale catholique d'hier a perdu sa crédibilité. Elle s'était trouvée réduite à un moralisme qui étouffait la liberté de conscience, et de surcroît « surculpabilisait » et infantilisait. Je rappelle souvent ce que ma mère disait à son curé : « Monsieur le curé, vous ne contribuerez jamais à une foi adulte si vous continuez à infantiliser les consciences. » Mais ma mère avait aussi en tête l'incroyable et faux principe moral qu'on lui avait inculqué au couvent : « Obéissez et vous ne pourrez pas vous tromper. »

On préfère aujourd'hui parler d'éthique, un terme dépourvu de connotation négative et donc disponible pour évoquer le jugement et le discernement de conscience, l'interprétation, la délibération, le sens critique, la rationalité, les valeurs que l'on privilégie, les fins que l'on s'assigne et enfin, la liberté de penser et de décider. Certains pouvoirs religieux dénoncent cette posture en soutenant qu'elle relève d'un relativisme qui abolit l'impératif moral. Défenseurs des grands principes et des valeurs les plus élevées, ils semblent incapables de comprendre ou d'accepter que dans la vie, on est assez souvent confronté à choisir le moindre mal. Mais la réflexion éthique est de cet ordre : elle ne se fait jamais dans l'absolu et l'intemporel : elle est ouverte. Blaise Pascal disait que la vraie morale se moque de la morale. Soit dit en passant, il y a, à gauche comme à droite, des radicaux laïcs qui sont aussi manichéens que des croyants dans la morale de leur idéologie.

Là où la morale se présentait comme une réalité toute codifiée et extérieure à soi, l'éthique renvoie à l'intérieur, et donc à la responsabilité de chacun. C'est cette intériorisation qui fait de la conscience une voie d'accès au spirituel.

– Décentrement

Cela dit, le problème inverse est aussi grave, à savoir la permissivité tout terrain, l'anomie, c'est-à-dire l'absence de toute norme, le déclin du normatif par rejet des obligations et des interdits de la morale d'hier. Il faut bien reconnaître que chez plusieurs, l'autorité n'est pas une valeur. Comme éducateur, j'ai le goût de répéter ce que j'ai écrit au début du chapitre sur les valeurs, à savoir qu'une valeur cesse d'être ce qu'elle est si elle ne fait pas autorité sur soi.

Si la conscience est voie d'accès au spirituel, ce n'est donc pas seulement parce qu'elle implique l'intériorité. C'est aussi parce qu'elle force à se décentrer de soi-même, libérant l'individu de son repliement sur ses intérêts immédiats.

Freud disait qu'il n'y a pas de civilisation sans contrainte. Des anthropologues nous apprennent quelque chose d'important qu'on semble vouloir ignorer aujourd'hui : le rôle essentiel joué par l'interdit dans la construction d'une société vivable. J'en ai traité longuement dans un précédent ouvrage[48]. J'y reviens succinctement parce qu'il y a ici une méprise grave.

La conscience moderne a rejeté, avec raison, les interdits aveugles ou tyranniques. Mais elle a trop perdu de vue ceux qui jouent un rôle civilisateur et libérateur. Certains interdits ont été un des piliers de la société humaine.

Ces interdits ont trois composantes qui se renforcent mutuellement tout en se limitant les uns les autres. La première est leur caractère radical, la deuxième est leur statut de repère de conduite, et la troisième est que sans eux, il ne peut y avoir

---

48. *Pourquoi sombrons-nous si souvent dans la démesure ?*, Montréal, Fides, 2002.

de vivre ensemble viable. Aucune de ces composantes ne peut se poser en absolu, pas même le fondement quasi sacral de la première.

À tort ou à raison, je pense qu'on a perdu la trace du sens important de l'interdit. On l'a rejeté au nom de la valeur inestimable de la liberté, qu'on voudrait sans limite et sans balise. Il en découle un certain règne du moi comme seule mesure (je devrais dire « démesure ») de toutes choses. Mais on ne peut faire société avec un agrégat de libertés individuelles illimitées. On me dira que c'est une évidence reconnue et vécue, malgré les travers actuels. Pourtant, on ne compte plus les contradictions engendrées par cette posture libertaire. Par exemple, on ne cesse de faire le procès des pratiques autoritaires, tout en ignorant que la permissivité totale débouche sur d'autres tyrannies. Pensons à l'enfant-roi.

Au chapitre de l'interdit, la famille joue un rôle irremplaçable dans la société. Dans la famille, l'enfant reçoit des mêmes personnes la possibilité de réaliser ses désirs et, en même temps, l'ordre de les limiter. Sans ces deux apprentissages de base, on ne peut pas envisager plus tard une citoyenneté et une démocratie adulte. N'y aurait-il pas eu un déficit de cet ordre chez ceux qui exigent à la fois moins de taxes et plus de services ? On n'avait pas tort quand autrefois, on concevait la politique comme l'art du possible.

– Conscience et transcendance

Ce décentrement, partie constitutive de la conscience comme voie d'accès au spirituel, est en même temps ouverture. Mais ouverture à qui ? À l'autre, comme nous le verrons plus loin.

Ouverture à quoi ? À ce qui est déjà là, antérieur à soi, plus grand que soi. Allons plus loin : à une transcendance. Dans nos entrevues avec des gens de différents âges et milieux, on l'a souvent vue affleurer dans des termes très simples. La première transcendance observée chez plusieurs interviewés de notre enquête était celle « du plus intime au-delà d'eux-mêmes qui les dynamisait, les élevait et leur échappait en même temps, comme écart de désir, et d'espérance » (Heidegger), même dans les situations les plus coincées.

La transcendance est à l'œuvre dans la conscience humaine. C'est un des ressorts les plus décisifs dans notre aventure individuelle et collective, avec notre capacité spirituelle et mystérieuse de rebondir, contre toute attente. Mais ce n'est jamais une donnée qui va de soi. C'est plutôt le fruit d'une longue conquête, de la culture patiente d'une force de l'âme, comme en témoignent les grandes traditions spirituelles de l'humanité.

La conscience sociale

Nous avons vu, dans la section sur le « croire » comme voie d'accès au spirituel, que toute société est ultimement fondée sur une adhésion à quelque chose de commun à tous et pourtant de singulier à chacun, quelque chose qui la transcende et dont nul ne peut disposer au gré des contingences, que nul ne peut s'approprier comme un outil de domination. Mais il faut bien avouer que dans nos sociétés pluralistes, c'est tout un défi de faire société en ces termes. Je pense pourtant que plusieurs parmi nous souhaitent un rehaussement de nos débats et combats et travaillent à aviver un souci de lutter contre tout ce qui aplatit notre vie, notre tonus moral, notre conscience, nos idéaux les plus chers.

Bien sûr, cela peut se penser et vivre sans religion. Qui n'a pas connu de ces beaux êtres humains non religieux qui font preuve d'une grandeur morale admirable ? N'y-a-t-il pas, chez eux aussi, des attitudes et des comportements qui ont valeur de transcendance, et de sacré ?

La transcendance d'aujourd'hui ne se trouve plus dans un ordre prédéterminé, régulateur de la nature et de la culture, de la société et de la conduite individuelle, de la grande histoire et de nos histoires singulières. On ne la trouve plus dans une réponse unique, déjà toute donnée. Elle s'inscrit davantage dans la dynamique de la conscience humaine toujours en train de se définir et de s'ouvrir à de nouveaux sens et horizons tout en ressaisissant ses patrimoines historiques, culturels et religieux, ses ruptures et ses expériences inédites qui adviennent à chaque époque et chaque génération.

S'agit-il de mystère, de mystique ou de foi, c'est du dedans du monde, de sa finitude, de ses blessures, de ses appels au dépassement, de ses questions non résolues, de ses ouvertures sur l'infini, l'ineffable et l'indicible que se développe le nouveau sens, religieux chez les uns, spirituel dans la spiritualité laïque.

L'admirable créativité culturelle des dernières décennies a dégagé de nouveaux espaces symboliques, poétiques et mystiques de « réenchantement » du monde. On ne saurait sous-estimer ces lieux de grâce qui sont comme des contrepoids à nos désenchantements contemporains à propos de l'amour et de la justice, de la politique et de la religion, de la télévision commerciale et du caractère éphémère des expériences dans presque tous les domaines de la vie et de la Cité.

Dans nos sociétés sécularisées, laïques, la transcendance trouve dans le champ culturel un lieu d'expression et d'inspiration pour « réveiller » la conscience individuelle et collective. Cette transcendance, plus gratuite et plus libre, vient briser l'enfermement des pratiques et des logiques fonctionnelles d'une société bureaucratisée et « surjudiciarisée », tout en remettant en question les anciennes transcendances sacrales qui imposaient à la conscience humaine un destin et un dessein déjà tracés.

Du coup se libère la capacité, sinon la possibilité de devenir acteur pour transcender nos limites et notre finitude, nos raisons et calculs immédiats, et pour accueillir librement des sens plus grands, plus hauts, plus profonds qui ne viennent pas de soi, bref pour rehausser le vivre ensemble, la responsabilité citoyenne, le tonus moral, la foi et l'espérance. Ce dont nous avons bien besoin pour mieux assumer les enjeux de fond du tournant historique que nous vivons aujourd'hui.

Reste à savoir si les esprits religieux d'aujourd'hui sauront reconnaître et même rejoindre ces démarches spirituelles laïques qui n'accepteront jamais des réponses religieuses qui ignorent ces questionnements contemporains. Au procès des incertitudes qui se prêtent au nihilisme correspond, en contrepoint, le procès des certitudes religieuses qui méconnaissaient leurs propres apories.

Dans les deux cas, il ne peut y avoir, entre esprits humanistes et esprits croyants, ni rencontre, ni dialogue, ni chantier commun pour une meilleure humanité. Le monde religieux est peut-être confronté plus que jamais à de nouvelles tâches de réinterprétation et de discernement.

Le sage se méfie de l'absolu, des absolus en matière d'humanité. Blaise Pascal avait raison de souligner qu'on peut trouver souvent aussi bien du vrai que du faux, aussi bien du bon que du mauvais dans nos pratiques de vie. Jésus de Nazareth disait la même chose, en ajoutant que souvent aussi, le bon grain et l'ivraie se ressemblent, et qu'il arrive qu'on éradique de bonnes pousses en voulant arracher la mauvaise herbe.

Tout cela invite et incite à un constant travail de discernement, avec une capacité renouvelée de savoir vivre dans les limites du réel, sans pour cela renoncer aux tâches de dépassement et aux aspirations à ce qu'il y a de meilleur.

La conscience est au centre de tous les enjeux cruciaux actuels. Elle revêt un surplus d'importance dans nos sociétés démocratiques, pluralistes, délibérantes. La morale d'hier était toute tournée vers le passé, régie par des règles et des codes établis et immuables : ceci est bien, ceci est mal. L'éthique d'aujourd'hui est tournée vers l'avenir, soucieuse de ce qui contribue, ou non, à faire advenir l'humain dans tous les registres de sa vocation, et son incertitude même féconde nos débats.

Le modèle traditionnel d'un moule moral unique proposait des repères et commandait des pratiques qui incitaient peu aux délibérations de la conscience. « Quand une civilisation répète ses anciennes réponses et n'invente pas d'ajustement aux nouveaux embarras, elle meurt[49]. » Aujourd'hui, la conscience est convoquée de multiples façons. Nous sommes confrontés à un grand nombre d'incertitudes, à la complexité croissante de la société dans toutes ses dimensions, à l'impératif de tout faire librement. Le recours à sa conscience est incontournable ; mais il est difficile de recourir à sa conscience s'il y a absence de vie intérieure, si on ne laisse à la conscience tout droit de regard sur sa vie, si la liberté s'exerce sans référence à aucune véritable autorité, s'il n'y a pas de distance par rapport à soi.

Le déficit de conscience est grave en raison de son importance comme instance morale et spirituelle. Les questions fondamentales et ultimes passent souvent par elle. Nous l'avons bien vu dans les chapitres sur les valeurs et la quête de sens. Voyons-en un exemple. La pop-psychologie nous incite à faire uniquement ce qu'on choisit à partir de ce qu'on « ressent ». Mais la vie est aussi faite d'embarras et de frustrations. Si elle est faite de choix, elle est également jalonnée de consentements, de la naissance à la mort et tout au long du parcours. Dans son testament spirituel, l'abbé Pierre a abordé cette question fondamentale de la tension entre liberté et le consentement obligé. « Le consentement obligé, c'est souvent des appels qui venaient des autres qui m'ont amené à me dépasser. »

---

49. RICŒUR, P. *Histoire et vérité*, Paris, Seuil, coll. Points Essais, p. 88.

À tort ou à raison, je redis qu'il y a présentement un regain spirituel qui passe aussi par ce qui semble être un regain de la conscience. L'éthique devient une médiation importante entre les gouvernements et les citoyens, entre la loi et les droits, entre l'économie et ses iniques inégalités, entre la religion et la conscience, entre l'individuel et le collectif. Dans un monde marqué de multiples divisions, il arrive que le souci éthique devienne une des bases communes pour aborder des problèmes de plus en plus importants trop souvent traités à la pièce. Pensons aux débats entre les besoins économiques et les requêtes environnementales.

Comme pour la religion, je me méfie du droit, et des droits, sans le vis-à-vis d'une conscience éthique. J'ai déjà souligné qu'à la différence de la première (1793), la deuxième Déclaration des « droits » de l'homme et du citoyen (1795) issue de la Révolution française comportait aussi dans son intitulé les « devoirs » du citoyen. Je rappelle aussi que le fondement du droit, c'est la justice, pas l'inverse. Ce qui ne m'empêche pas de reconnaître le formidable rôle civilisateur et spirituel de l'affirmation et de la reconnaissance des droits fondamentaux.

Il serait intéressant de citer Platon, Plotin et saint Augustin sur la justice supérieure qui s'impose sur tout pouvoir et même la liberté de conscience. Il serait intéressant aussi de montrer comment la Réforme protestante a posé l'un des principaux piliers du droit moderne en affirmant le « libre-examen » et la liberté de conscience face au vieux monde catholique encore dominé par le modèle impérial hiérarchique hérité de la Rome antique. Certains coquins pourraient dire que la Curie romaine impose encore ce carcan… Le pape Jean-Paul II disait que la conscience est un sanctuaire dans lequel même Dieu n'entre qu'à notre invitation. Hélas ! La Curie ne semble pas l'entendre toujours ainsi !

Dernière remarque : j'ai vécu un débat sur la liberté de conscience avec un de mes vieux professeurs de philosophie. Il m'a aspergé de nombreuses citations de saint Thomas d'Aquin pour me confondre. Il en avait oublié une, où saint Thomas dit que si, après une réflexion sérieuse et bien informée, quelqu'un ne croit pas en Jésus-Christ, il a le devoir de suivre sa conscience, qu'il appelle ici « raison » puisqu'il pense à une conscience réfléchie[50]. Voilà une affirmation peu banale pour une spiritualité laïque autonome adoptée par un chrétien ! Cela ne rappelle-t-il pas le légendaire échange verbal entre Maurice Duplessis et le P. Georges-Henri Lévesque, qui répondait au premier ministre prônant l'obéissance à l'autorité : « La liberté aussi vient de Dieu ! » ?

Faisons un pas de plus à la lumière de ce terme de « conscience réfléchie ». Je m'inspire ici de l'ouvrage très riche et judicieux de Paul Valadier : *Éloge de la conscience*[51]. Ce dernier nous aide à comprendre les limites des pouvoirs de l'homme sur lui-même et sur ses rapports au monde. En effet, une conscience peut errer,

---

50. THOMAS D'AQUIN. *Somme théologique*, Iᵃ IIᵉ, q.19, art 5 : « Toute volonté qui n'obéit pas à la raison, que celle-ci soit droite ou qu'elle soit dans l'erreur, est toujours mauvaise. » Voir aussi dans son *De veritate*, q.1, 3 et 4 et *Rm* 14,23. L'article 5 de la q.19 impose un respect de la conscience d'une grande humanité. Cela conteste certaines pratiques morales de l'Église catholique, en particulier le cas de sa morale en matière de la sexualité.

51. VALADIER, P. *Éloge de la conscience*, Paris, Seuil, 1994.

parfois prendre le mal pour le bien, ou ne plus voir où est le bien. Chesterton disait avec humour : « Des parents ne savent plus ce qu'est le bien, mais ils veulent le transmettre à leurs enfants. »

Ces points de vue critiques ne doivent en rien diminuer la très grande importance de la conscience dans l'accès au statut d'adulte à propos des enjeux humains les plus cruciaux. J'en veux pour exemple ce qui s'est passé lors de la chute du rideau de fer pour ces totalitarismes où avaient été abolis tous les recours démocratiques de la société civile : magistrature, médias et opinion publique, et qui écrasaient les libertés et les droits fondamentaux. J'étais de ceux qui se disaient qu'on ne pourrait jamais vaincre ces régimes de terreur. On ne se rendait pas compte de la gestation souterraine de millions de consciences qui ont fini par faire éclater cette infernale chape de plomb étouffant leur société.

On comprend pourquoi un Soljenitsyne et un Havel, dissidents des régimes communistes, ont tant insisté pour dire que la conscience n'est pas un caprice subjectif, un point d'appui branlant, mais une référence incœrcible et exigeante, coûteuse à suivre, mais au principe de tout sens de la dignité humaine. J'ai lu pareils propos chez le juif Georges Steiner à propos des camps de la torture et de la mort où il dit : « Les bâtards de nazis n'ont jamais pu étouffer notre conscience. Et c'est celle-ci qui a permis à plusieurs d'entre nous de tenir le coup. » Le pape Jean-Paul II affirmait de son côté : « Aucune autorité humaine n'a le droit d'intervenir dans la conscience de quiconque. La conscience est le témoin de la transcendance de la personne, même en face de la société, et, comme telle, elle est inviolable. » Et d'ajouter : « Nier à une personne la pleine liberté de conscience, cela va contre son droit le plus intime [52]. » Voilà un autre ancrage spirituel et laïc de notre vie réelle.

Mais ces considérations ne doivent faire perdre de vue ce dont j'ai parlé au début de ce chapitre. La conscience n'est pas un mécanisme intérieur qui fonctionne automatiquement. Elle est tributaire de nos rapports avec elle. On peut la refouler, la déformer, elle est ou peut devenir informe.

Mais aussi, le degré, le tonus et la qualité de la conscience marquent et révèlent l'état des lieux d'une société, de sa politique et de ses institutions. La conscience est donc plus qu'une affaire individuelle, surtout quand on constate le peu de conscience morale de beaucoup de citoyens en rapport avec le bien commun et les ressources publiques. Il y a un vrai problème quand on en vient à ne plus voir aucune faute, à être devenu trop souvent inconscient de ce qui ne va pas. Il y a là-dessous des rapports faussés à la responsabilité, aux contraintes nécessaires, à l'imputabilité.

Un espoir

En positif, je pense donc que l'énorme problème social actuel et l'immensité des scandales commencent à susciter des prises de conscience plus résolues dans la population, au point que

---

52. Message pour la célébration de la Journée mondiale de la paix, 1er janvier 1991, no 1.

l'éthique devient un nouveau lieu spirituel qui marque le dépassement de débats et combats superficiels sans profondeur de sens, de conscience et d'engagement soutenu.

Dans des cas de magouilles graves dans le monde des affaires, en politique ou dans la pratique professionnelle, certains cherchent à s'abriter derrière la lettre d'un code de déontologie, quand il y en a un. Le respect de la lettre de ce code est pour eux une preuve suffisante qu'ils ont un sens moral et qu'ils n'ont rien à se reprocher ! Non, si un code d'éthique est nécessaire, il ne suffit pas.

> En contexte individualiste, un retournement de situation s'opère. C'est la société qui doit se justifier d'intervenir sur l'individu, de lui demander un service, de poser une limite à ses désirs [...] et la société ne peut obtenir ce qu'elle estime souhaitable ou nécessaire que si l'individu y consent. [...] C'est la conscience qui est alors installée dans un quant à soi dont les limites sont indépassables. [...] Il est significatif d'ailleurs que les penseurs sociaux soucieux du politique, comme Hannah Arendt ou ceux qui ont le sens d'une société bien ordonnée, comme John Rawls distinguent soigneusement l'objection de conscience de la désobéissance civile. À leurs yeux, la société ne peut être seulement une collection

d'individus… la désobéissance civile est une vertu civique tandis que l'objection de conscience ne fait pas appel au sens de la justice de la majorité [53].

Il y a quelques années, ont eu lieu, au Québec, des États généraux sur la démocratie. Un de mes souvenirs les plus vinaigrés est d'avoir entendu *ad nauseam* plusieurs participants qui clamaient comme un mantra, au sujet des services publics : « Je n'en ai pas pour mon argent. » Un discours qui me laissait penser que ces intervenants n'avaient pas le moindre sens d'appartenance à une société et de responsabilité citoyenne à l'endroit de l'institution qu'ils contestaient et méprisaient.

En conclusion, ne faut-il pas reconnaître qu'aucun des éléments qui précèdent n'est l'apanage des esprits humanistes, laïcs, et de leur spiritualité ? Les croyants sont eux aussi des êtres humains confrontés aux mêmes questions de sens et placés, au quotidien, devant les mêmes choix difficiles entre le bien et le mal, le meilleur et le moins pire. L'intériorité et le décentrement impliqués dans le jugement de conscience sont pour eux aussi voies spirituelles au quotidien.

Pourtant, la foi des chrétiens n'est pas sans pouvoir affecter profondément leur conscience morale et la colorer de manière particulière. Voyons voir.

---

53. Valadier, P. *Op. cit.*, p. 223-224.

La conscience chrétienne

Au cours des derniers siècles, les chrétiens et, parmi eux, particulièrement les catholiques, se sont référés à des principes moraux indiscutés dont il ne convenait pas de débattre. La conscience « savait » déjà ce qui était bien et ce qui était mal ; son rôle était de présider à une décision conforme à ce qui était bien. Il n'en va plus de même aujourd'hui. Outre que l'individu moderne ait retrouvé son unicité, sa capacité de discernement et le sens de sa responsabilité personnelle, il fait face à un grand nombre de situations inédites que les codes moraux n'ont pas prévues. Comme pour le laïc non religieux, sa conscience doit passer par le chemin de l'intériorité et du décentrement. Mais il y est accompagné et soutenu par une longue tradition interprétative dont il convient de rappeler quelques balises.

– Intériorité

On observe chez Jésus et Paul de Tarse une indétermination morale et spirituelle de la conscience en regard du droit romain et de la philosophie de la civilité grecque. Dans la parabole du Bon Samaritain, il n'y a pas un code de charité et de justice. Dieu en est absent, la religion y est même disqualifiée. Ailleurs, dans les évangiles, le croyant est renvoyé à lui-même et à ses appartenances communautaires. « Pourquoi ne jugez-vous pas par vous-mêmes de ce qui est juste ? [...] Vous savez interpréter l'aspect du ciel, et les signes des temps, vous n'en êtes pas capables ! » (*Lc* 12,57 ; *Mt* 16,3). C'est par un pareil appel à la conscience personnelle que Paul instaure la dernière partie de sa *Lettre aux Romains* :

« Ne vous conformez pas au monde présent, mais soyez transformés par le renouvellement de votre intelligence pour discerner quelle est la volonté de Dieu : ce qui est bien, ce qui lui est agréable, ce qui est parfait » (12,2). Soit dit en passant, n'est-ce pas à la première personne du singulier que se décline le credo chrétien : « Je crois » ?

– Décentrement

Pour les chrétiens, cette décision personnelle, ou décision de conscience, se fait en référence à une réalité qui leur est à la fois extérieure et intérieure. Extérieure en ce qu'elle constitue ce que la Bible désigne par plusieurs termes comme enseignement, loi, commandement. C'est là une référence obligée pour la conscience.

> (Le Seigneur) a créé l'homme au commencement et l'a laissé à son propre conseil. Si tu le veux, tu peux observer les commandements, rester fidèle dépend de ton bon vouloir. Il a placé auprès de toi le feu et l'eau ; selon ton choix tu peux étendre la main. Aux hommes sont proposées la vie et la mort : à chacun sera donné selon ses choix. (*Si* 15,14-17)

Mais intérieure aussi, selon la tradition spirituelle juive fondée sur une conviction :

> Ce commandement que je te donne aujourd'hui n'est pas trop difficile pour toi, il n'est pas hors de ton atteinte. Il n'est pas dans le ciel ; on dirait alors : « Qui va, pour nous, monter au ciel nous le chercher, et nous le faire entendre pour que nous le mettions

en pratique ? » Il n'est pas non plus au-delà des mers ;
on dirait alors : « Qui va, pour nous, passer outre-mer
nous le chercher, et nous le faire entendre pour
que nous le mettions en pratique ? » Oui, la parole
est toute proche de toi, elle est dans ta bouche
et dans ton cœur, pour que tu la mettes en pratique.
(*Dt* 30,11-14)

Il est intéressant ici d'explorer la posture biblique au chapitre des
interdits, ceux, par exemple, des commandements de Dieu dont
le cinquième, qui énonce le célèbre « Tu ne tueras point ». Cette
formulation négative libère tous les possibles de la vie, toute sa
logique et toutes ses pratiques, avec les responsabilités et les
libertés qui l'accompagnent. Cet interdit humanise la conscience,
les rapports sociaux, la société et, pour les croyants, la foi en
un Dieu qui nous confie les uns aux autres. Cette foi ouvre sur
la transcendance en l'inscrivant dans la dignité humaine comme
son premier et ultime fondement. Ici, en christianisme et particulièrement dans l'Évangile de Jésus de Nazareth, le sacré religieux
se déplace au bénéfice de la dignité humaine désormais sacrée.
La transcendance humaine devient la clé de voûte de l'éthique
comme de la foi. Cette conviction révèle le vrai visage de l'être
humain et, pour les chrétiens, le vrai visage de Dieu. Voilà ce
qui peut constituer un apport singulier des chrétiens dans les
débats de la société laïque : au cœur de l'éthique, il y a toujours
la personne humaine, et au cœur de ce cœur, il y a toujours le plus
petit, le fragile et l'exclu.

Oui, il y a plus de connivences que certains veulent le voir entre spiritualité laïque, humaniste, et spiritualité chrétienne. Comme il est intéressant de noter que la base spirituelle laïque est plus près des valeurs évangéliques que des codes religieux souvent érigés en absolu ! Est-ce cela qui expliquerait la difficulté de beaucoup de religieux de bien assumer la liberté de la conscience et de la foi, comme si elle les privait d'un privilège ? Je tiens à souligner l'apport de Jésus de Nazareth en la matière. Son message s'adresse à tous sans distinction. Ce qu'il lance, c'est un appel universel et ce qu'il propose, c'est de donner, en pleine conscience, une réponse personnelle. « Mettant en avant la libre réponse de l'homme, hors et même contre les appartenances traditionnelles, elle (cette réponse) privilégie le geste personnel d'acquiescement sur les solidarités naturelles et historiques... Jésus a posé certaines conditions principales de l'avènement de la subjectivité, et donc de la conscience[54]. »

Comme le fera le philosophe juif Levinas deux mille ans plus tard, Jésus fait déjà de l'altérité le test de vérité de la conscience. Les païens d'autres cultures et mœurs n'ont pas à se faire juifs religieusement et moralement pour devenir chrétiens, ni les juifs eux-mêmes de renoncer à leur identité religieuse. Pour tous, il y a un « autre », cet autre qui est un appel à notre conscience.

---

54. Valadier, P. *op. cit.*, p. 229.

Pour conclure... un peu

Dans nos cités cosmopolites, pluralistes et démocratiques, dans une culture moderne qui incite chacun à écrire et assumer sa propre histoire, dans la longue culture chrétienne qui s'est toujours conjuguée au pluriel depuis ses sources jusque dans ses multiples traditions, dans une société où la diversité de courants moraux appelle des délibérations, la spiritualité laïque, aussi bien humaniste que croyante, doit se prêter à de libres chemins singuliers de conscience et de foi, et à des partages communautaires nécessaires pour un judicieux discernement spirituel.

Un esprit laïc, quel qu'il soit, est appelé à conférer une portée sacrée à la conscience. Les athées que je cite dans ce livre partagent cette conviction, et je les ai vus assumer cette responsabilité dans l'ouverture de leur conscience sur une hauteur, vers un horizon, en se référant à une autorité morale ou autre qui la dépasse et s'impose.

La conscience ne peut pas être pensée ni vécue sans relation avec un autre qu'elle. Pour les croyants, cet autre est Dieu, sans doute, mais aussi et indissociablement, le frère, la sœur, et l'ensemble de leurs contemporains, et même ceux et celles qui viendront après eux. Cela ne veut pas dire qu'il n'y a pas dans la conscience de l'athée un au-delà d'elle-même, quelque chose d'autre radical, impératif et significatif. Car unique est l'impératif moral.

La fidélité de la conscience engage dans un processus de communication avec autrui et de participation aux débats collectifs. C'est dans ce processus que la conscience se forme, s'affermit, découvre à quelles exigences l'on est tenu pour poser des décisions droites. Plus la conscience droite l'emporte, plus les personnes et les groupes s'éloignent de décisions aveugles et tendent à se conformer aux normes objectives de la moralité. S'il arrive souvent que la conscience s'égare, par suite d'une ignorance invisible, elle ne perd pas pour autant sa dignité[55].

Chez les chrétiens, il y a de plus l'assurance que lorsqu'on n'a pas suivi sa conscience, si on s'est trompé, comme cela arrive à tout un chacun, on ne reste pas prisonnier de cet échec : « Si notre cœur nous accuse, Dieu est plus grand que notre cœur » (*1Jn* 3,20). « Le pardon délivre la conscience de l'enfermement dans son acte et dans son passé, si lourd soit-il ; il la recrée en lui donnant la possibilité d'une histoire renouvelée… mais un pardon contraint n'a pas plus de sens qu'un amour forcé[56]. »

---

55. *Ibid.* p. 257.
56. *Ibid.* p. 263-264.

Mon dernier mot sera : consciencieux

En bouclant ce chapitre, me vient à l'esprit un mot qu'on ne prononce pratiquement plus. Ce mot renvoie à la fois au travail bien fait, à la loyauté, la dignité, la responsabilité, la force d'âme et de cœur, au respect, à la persévérance et à la fierté. Eh oui ! C'est le mot consciencieux. Être consciencieux, c'est peut-être un des traits les plus parlants d'une spiritualité laïque au quotidien, humaniste ou croyante. Mais jamais sans un « autre ».

VIII

LA VOIE DES ÉTAPES DE LA VIE

Il y a, dit-on, un printemps, un été, un automne et un hiver de la vie, et des personnes âgées peuvent dire « au soir de ma vie ». Ces métaphores sont nécessaires pour parler d'une réalité que tous les humains ont en partage : la succession des étapes de la vie, le passage du temps et les transformations qu'il fait subir, de la naissance à la mort. À chaque étape, l'être humain s'engage dans une recomposition importante de son environnement et de ses relations, mais surtout dans un réaménagement intérieur qui touche à des réalités que nous avons explorées, en particulier les valeurs et le sens de la vie. Y faire face implique une capacité de changement, une plasticité qui sont des garanties contre l'encroûtement. L'aventure humaine est ainsi en principe une expérience excitante et il est bon d'avoir la capacité d'apprécier chaque saison de la vie.

Il y a des défis propres à chaque étape de la vie, y compris des défis d'ordre spirituel. Les élans, les questions, les rêves et les inconforts qui accompagnent chacune sont communs à tous les êtres humains. Sur ce plan, peu de choses distinguent le croyant de l'humaniste. Ici, sans nécessairement devenir identiques, la spiritualité de l'un et de l'autre se rejoignent.

Par rapport au cycle de la vie, nous vivons dans un tout autre contexte historique que les générations qui nous ont précédés, et cela à plusieurs titres. D'abord, une longévité accrue, qui permet la contemporanéité de quatre ou même cinq générations. L'allongement du cycle de la vie peut favoriser des expériences de vie plus riches et plus profondes. Par exemple, on n'a jamais connu dans l'histoire humaine une grand-parentalité de plusieurs décennies ; il en résulte un enrichissement potentiel des rapports entre les générations. Les étapes de la vie connaissent elles aussi de grands changements. Pensons à l'allongement de l'adolescence et de l'inscription dans la vie adulte, partiellement en raison d'une plus longue scolarisation.

Les défis sont particulièrement redoutables au moment des transitions, des passages d'une étape à l'autre de l'existence. Ce sont des moments inconfortables de déséquilibre et de déstabilisation sans lesquels une nouvelle structure de vie ne pourrait pas apparaître. C'est pour les faciliter que les sociétés ont créé des rites de passage. Je vais en dire un mot rapide avant d'aborder les défis spirituels des étapes majeures que sont, du moins en Occident, la naissance, l'adolescence, la conjugalité, la retraite et la mort.

Les rites de passages

Je vais en revisiter d'abord les profondeurs spirituelles et les ancrages laïcs, les premiers fondements humains profanes, séculiers, bref, « l'humain tout court ». En langage savant on appelle cela les assises anthropologiques.

En anthropologie, on apprend que les rites de passages sont des manifestations très anciennes de la conscience humaine du temps qui passe, et du sens de l'appartenance communautaire. S'y logent nos profondeurs morales et spirituelles. Ce sont aussi les premières traces du génie symbolique propre à l'humanité. Par exemple, on a trouvé dans les grottes de Gibraltar des traces de rites religieux entourant symboliquement la naissance et la mort. C'était il y a 100 000 ans.

Aujourd'hui, on note un affaiblissement des rites de passage. Ils sont moins explicitement, voire plus du tout, initiatiques, qu'il s'agisse de la graduation qui marque la fin des études ou de la petite réception qui marque la prise de retraite dans certains milieux. En fait, pour la première fois dans l'histoire humaine, on appauvrit, sinon efface des rites de passage riches de sens. J'ai déjà évoqué la banalisation, sinon l'effacement des rites funéraires.

Pourtant, en raison de la diversité croissante de sens qu'on y trouve, nos sociétés modernes auraient tout pour se donner et enrichir les rites de passages comme espace commun de partage respectueux de nos différentes convictions.

Par-delà ces considérations critiques, je veux souligner des amorces de renouveau qui ont beaucoup à voir avec une spiritualité laïque prometteuse. J'ai en effet été témoin de certaines initiatives très créatives de rites de passage inspirés par les nouvelles sensibilités de la condition laïque d'aujourd'hui.

Je note d'abord que ces nouveaux rites se vivent sur le terrain séculier, et que leur dynamique est plus proactive et inventive que celle des rites religieux qui restent encore trop codés et souvent trop centrés sur le clerc qui y préside. Leurs auteurs et leurs acteurs y vivent une appropriation du spirituel et habitent davantage les sens qu'ils veulent leur donner.

Je me dis que c'est là un autre champ d'expérience pour une spiritualité laïque : ces rites ont leur langage propre et des références à la culture urbaine ; ils révèlent de plus des ouvertures sur le pluralisme des diverses appartenances de tous ordres : culturels, générationnels, religieux, laïcs. Et puis, ils incarnent une fraternité que j'aurais crue impossible au point de départ. Et voilà qu'en chemin, je constatais une sorte de Pentecôte que j'ai interprétée comme un des chemins inattendus et gratuits de l'Esprit à l'œuvre dans le monde.

Je pense à un rite de bénédiction de la nouvelle union de deux personnes divorcées. J'observe tout d'abord que le mouvement de la démarche va de bas en haut. Une prise de parole libre fait place aux questions des uns et des autres, contrairement aux rites qui avancent d'entrée de jeu leurs réponses (au baptême, par exemple, le prêtre dit : « Après chaque affirmation, vous répondrez : "Oui, je le crois !" »). Une remarque critique illustre très bien cela. Je pense à cette fille qui disait : « La messe, c'est comme si vous m'invitiez à un repas, mais pourvu que je n'y parle pas. » Bref, j'observe ici un spirituel qu'on construit ensemble, avec des références puisées à différents héritages religieux, au bouddhisme, à l'expérience de foi personnelle, à la poésie, au « Nouvel Âge ». Éclectisme ? Syncrétisme ? En tout cas, il y a là un je ne sais quoi de communion d'âme avec ce couple de divorcés qui voulait donner une portée spirituelle à sa nouvelle union.

Bien sûr, ces nouveaux rites de passage sont loin des rites institués. Mais à ce chapitre, ne font-ils pas penser que la spiritualité laïque est faite de commencements qui nous réservent des surprises ? Ce qui me frappe dans ces démarches laïques, c'est une libération du rite *by the book* qui fige les textes sacrés et reste enfermé dans le répétitif et la langue de bois. Le spirituel qui s'exprime dans les nouveaux rites de passage se veut davantage exploratoire, créatif, significatif, inspirant quand il est exprimé dans les mots, l'imaginaire, les sensibilités, l'événementiel du vécu culturel du temps présent. Il y a ici quelque chose du natal, du naissant et renaissant. Une pensée neuve, une parole neuve, une prière neuve. Comme au matin du monde dont parle la Bible. Un nouveau récit. « Qui sait si le grand tournant historique que nous vivons, comme celui du temps de saint Paul, ne nous invite pas à repenser à « écrire » une sorte de cinquième Évangile », me disait une femme lors de la préparation d'un baptême. « Un peu comme la venue d'un enfant qui nous projette dans une vie autre et nouvelle. »

La naissance, ou un nouveau culte de la vie

> Le secret de l'apparition d'un nouvel être humain
> est un grand et inexplicable mystère.
> Il y avait deux êtres humains.
> En voici tout à coup un troisième, un nouvel amour.
> Il n'y a rien au monde qui soit au-dessus
> de la naissance humaine.
>
> Dostoïevski

Qu'on soit incroyant ou croyant, l'arrivée d'une nouvelle vie humaine fait surgir en tous des profonds sentiments de sacré, d'âme, de mystérieuse transcendance. Transcendance d'en bas, celle de la racine première de la condition humaine.

Qu'adviendra-t-il de cet enfant qui aura à engager sa propre vie, déterminer ses objectifs, relever ses défis, réviser ses choix ? Le petit être humain est bien différent du petit animal, lequel avance de manière totalement conditionnée sur les rails de l'instinct. Aujourd'hui, en raison des questions nouvelles qui se posent et des grandes inquiétudes sur l'avenir de la planète et de l'humanité, la mise au monde tient plus d'un acte de foi que d'un simple acte de nature ou de raison. Saut qualitatif, qui ajoute à la dynamique fondamentale du baptême, ce premier rite de passage qui est célébration de la vie dans les pays de tradition chrétienne.

Même si la demande de baptême est en constante diminution, c'est ce rite d'une longue ascendance religieuse qui perdure le plus dans une société laïque qui ne tourne pas complètement le dos à son héritage chrétien. Car l'être humain éprouve le besoin de souligner l'entrée dans la vie et de formuler des vœux ou des bénédictions à l'endroit du petit enfant qui vient de naître.

Voici un exemple de rite de facture laïque, sous forme d'une bénédiction prononcée dans le cadre d'une célébration de baptême. Rappelons que le mot bénédiction vient du latin « *benedicere* » qui signifie : dire du bien, souhaiter du bien, « amoriser » et relier davantage dans le partage de nos différentes convictions.

> Dans ce rite qui symbolise l'eau vive d'où jaillit toute vie nouvelle, comme au matin du monde et à chacun de nos printemps, tu nous arrives comme un cadeau, le plus beau, le plus précieux de tous. Nous te bénissons avec toutes nos différentes convictions pour qu'un jour tu aies le choix de construire les tiennes en toute liberté, tout en sachant accueillir celle des autres. Et nous nous engageons tous à travailler à ce que tu puisses vivre dans un monde le plus humain possible jusque dans ses profondeurs morales et spirituelles, d'amour, de foi et d'espérance.

Cette bénédiction toute séculière dans laquelle tous peuvent se retrouver introduit à la lecture des textes de la Bible et des évangiles, tellement marqués par les mystères de la création et de l'incarnation qui ont tant à voir avec la naissance. Suit le rite proprement religieux, avec sa signification pascale issue de la mort et de la résurrection du Christ et de sa victoire, pour nous et avec nous, sur la mort et sur le mal.

Lors des nombreux baptêmes que j'ai célébrés au cours des dernières années, je me suis rendu compte que la référence spirituelle à la vie est devenue une valeur séculière de plus en plus importante. Et je viens de découvrir que de récentes enquêtes ont souligné qu'on retrouve le même phénomène dans les sociétés occidentales en général. Eh oui, la vie comme valeur absolue, qui se démarque spirituellement du consumérisme et du matérialisme ambiants ! Bien sûr, il s'agit d'une tendance encore en émergence.

J'ai voulu explorer comment les gens expliquent ce comportement et cet intérêt. J'ai fait ma petite enquête auprès des jeunes parents. Voici quelques réponses parmi les plus significatives.

- Un enfant, ça nous motive pour foncer vers l'avenir et y croire.

- La famille est un des rares lieux où la vie peut avoir plein de sens.

- C'est une fondation dans une société qui n'en a plus.

- Aujourd'hui, il y a un très grand nombre de vieux. Et de ce temps-là, on ne parle que de la mort. Mettre un enfant au monde c'est sortir de ce climat-là.

Certes, d'autres raisons expliquent que le rite baptismal ne décline pas rapidement, par exemple, une légère remontée de la natalité. Mais le plus révélateur, et le plus inattendu, c'est le fait du nombre croissant de gens qui viennent participer à cette célébration. S'y trouve tout le spectre des différentes postures religieuses et non religieuses. Tout s'y impliquent quand on fait des gestes festifs ou graves qui donnent sens à la vie, y compris quand la référence explicite tient du baptême chrétien et d'une spiritualité laïque d'inspiration chrétienne. J'observe par exemple avec quel sens du sacré des non croyants viennent tracer le signe de la croix sur le front de l'enfant.

Je vais ici élargir la réflexion. Il faut voir le glissement qui semble s'être produit. Traditionnellement, la spiritualité recouvrait le dessein d'unifier et d'orienter sa vie en rapport avec une valeur première. Maintenant, c'est plutôt la vie elle-même qui devient la valeur elle-même dans l'entièreté de l'expérience quotidienne. On parie spirituellement sur la vie humaine en souhaitant qu'elle soit pleine. On lui reconnaît une certaine transcendance. Mais cette transcendance n'est pas naïve. Elle n'est pas sans une inquiétude profonde par rapport à l'incapacité de solutionner pas même un seul des énormes problèmes de la planète.

On spiritualise aussi la vie pour instaurer un cheminement spirituel personnel comme parent, ou comme proche de l'enfant, comme première assise d'espoir envers et contre tout, et possiblement, d'engagement.

Serait-ce repli sur soi ? Je ne le pense pas. Comme nous l'avons vu ailleurs dans ce livre, s'amorce un désir de partager ce nouvel intérêt spirituel fondé dans la vie concrète elle-même. On ne compte plus les nombreuses opérations locales, régionales et internationales d'aide et de solidarité. Cela aussi fait partie d'une spiritualité laïque. Ainsi s'élaborent certaines raisons communes qui s'expriment librement sur tous les terrains de la Cité, y compris dans les Églises. Croyants et incroyants s'y trouvent étonnamment à l'aise. Il y a là quelque chose de neuf et de prometteur que semblent ignorer les laïcistes et les « confessionnalistes » à tous crins.

Le passage de l'adolescence

Ce passage a beaucoup à voir avec la modernité. Autrefois, on passait directement de l'enfance à la condition adulte, souvent grâce à des rites d'initiation. Avec la modernité, l'adolescence est non seulement née, mais elle n'a cessé de se prolonger. On parle de plus en plus de la postadolescence, voire d'adulescence, pour désigner une période qui se prolonge jusqu'à la fin de la vingtaine.

Fait à noter, il n'y a plus ici de véritables rites de passage initiatique dans nos sociétés. Des bandes de jeunes s'en donnent assez souvent des ersatz, en s'exposant à des situations extrêmes, par exemple, preuve qu'un besoin fondamental demeure non comblé. Des jeunes peinent à devenir adultes parce qu'ils rencontrent des adultes qui peinent à faire le deuil de l'adolescence. Que d'adultes cherchent à être copain-copain avec les jeunes, dans une culture dite adolescentrique qui s'instaure sur la base d'une monogénération de copains. Cela arrache à un jeune le cri : « Papa des copains j'en ai en masse. Un père je n'en ai qu'un. » Le problème s'aggrave quand les représentations collectives font de ces jeunes des modèles de référence qui incitent les adultes à leur ressembler. Même les médias se mettent de la partie. Même des vieux qui s'ennuient de leur jeunesse et tentent de la prolonger et de la revivre.

Des valeurs adultes comme l'engagement durable, le sens de l'histoire et de l'avenir, l'altérité et la fidélité sont peu inscrites dans les styles et pratiques de vie, dans les discours des médias. Et ces valeurs, comme horizon de vie, on n'y croit plus beaucoup. Du coup, on comprend la difficulté chez les adolescents de sortir de leurs passages, de leurs crises, de leur désarroi face à l'avenir, de leur condition transitoire qui n'en finit plus. La recherche sans fin d'eux-mêmes en est largement tributaire.

Ce sont les assises humaines du « croire » qui sont ici en cause. Foi en soi, foi en l'avenir, foi en une maturité possible, foi dans un projet de vie durable. On se méfie même en amour, même de l'amour. La méfiance envers la politique ou la religion se loge dans cette foulée de base. De même, la fuite dans la musique bruyante (« ça me permet de m'évader, de faire le vide ») et dans une monde médiatique où une image chasse l'autre (« il se passe peut-être trop de choses... je ne sais pas »). Comme seule normalité : tout le monde le fait, fais-le donc ! Et surtout bouger, voyager pour oublier.

La crise d'adolescence, devenue d'autant plus périlleuse qu'elle est longue et désinstitutionnalisée, pourrait être aussi l'une des causes profondes de l'augmentation spectaculaire des suicides chez les jeunes.

Du fond de leur humanité la plus séculière, un horizon critique surgit aujourd'hui souvent accompagné d'un certain vertige chez des jeunes et des adultes : dans quel monde vivrons-nous « si on ne croit plus en rien ni personne » ? Le simple vivre ensemble apparaît un objectif chimérique, voire une mission impossible.

N'est-ce pas le premier ressort de toute socialité qui est ici en cause ? Derrière les crises collectives des dernières années chez nous, derrière l'escalade de la violence, derrière l'impuissance politique, derrière le caractère éphémère des liens les plus fondamentaux de l'affectivité, de la famille, n'y aurait-il pas le drame spirituel de la difficulté de croire, un drame qui précède, accompagne et dépasse le savoir et l'agir, le rapport à l'autre et à soi, la confiance en l'humanité et en Dieu ? Ce « croire » n'est pas d'abord religieux, mais plutôt séculier, comme on l'a vu au chapitre IV.

Il y a une sorte de dissolution des bases premières de cette confiance originaire qui fonde le croire en l'humain possible, et en une cité possible.

Tout au long de ce diagnostic, nous avons souvent été renvoyés aux déficits des bases sociétaires qui rendraient laborieux l'accès à une spiritualité, et à la perception des drames spirituels sous jacents aux plus gros problèmes des jeunes. Nous avons même découvert les conséquences, pour les adolescents, de vivre dans des milieux où l'on ne croit en rien ni personne. Certains ramènent tout au problème de la pauvreté. J'aimerais, alors, qu'on m'explique pourquoi le plus haut taux de suicide des adolescents se trouve dans la banlieue la plus cossue de mon coin de pays.

Mais les résultats positifs sont tout autres quand les jeunes ont des engagements altruistes, quand leurs parents ont un solide statut d'adulte, mais un « spirituel » toujours ancré dans leur vie profane, leur milieu de vie concret. Et quand il y a spiritualité, c'est toujours et d'abord sur la base de leurs expériences et leurs questions les plus existentielles. N'est-ce pas ce que, maladroitement peut-être, ce jeune adolescent disait à sa mère : « Je croirai à ton Dieu quand je me rendrai compte qu'il s'intéresse à moi, à ma vie, à mes besoins, à mon avenir. » ?

Déjà dans notre longue recherche sur l'adolescence effectuée il y a vingt-cinq ans, nous avions observé qu'un grand nombre de jeunes se démarquaient par leur forte personnalités, leur santé psychique, morale et sociale, leur assimilation des meilleurs apports de la culture moderne. Beaucoup de ces jeunes n'avaient rien de la crispation antireligieuse de la génération qui les précède. Que de fois, dans mes entrevues avec eux, je les trouvais autrement plus articulés, dynamiques et sains que je ne l'étais à leur âge ! Plus « fonceurs », en tout cas, et étonnamment plus confiants en eux-mêmes, et en l'avenir. Leur spirituel avait beaucoup à voir avec ce qu'on a écrit dans notre premier chapitre sur la nature comme voie d'accès au spirituel.

La vie conjugale « laïque »

Comprenons ici « laïque » dans le double sens que je lui donne dans cet ouvrage, à savoir la vie de couple des laïques chrétiens et celle des personnes sans religion. Ici au Québec, jusqu'aux années 1950, le mariage religieux à l'Église était obligatoire pour tous. J'ai participé à l'avènement du mariage civil, au nom de la liberté de la non-foi et de celle de la foi chrétienne, même si on n'est pas allé jusqu'à imiter la France où le mariage civil précède obligatoirement le mariage à l'Église.

Mais parler de mariage est aujourd'hui trop restrictif. Faut-il rappeler que le nombre de mariages est passé de 54 000 en 1972 à 23 000 en 2011 alors que pour la même période, la population passait de 6 175 000 à 8 000 000 ? N'est-ce pas de vie de couple qu'il faut parler maintenant ?

Institutionnalisée ou non, l'entrée dans la vie de couple marque un moment particulièrement significatif sur le plan spirituel. Amour fervent, ouverture à l'autre, confiance donnée malgré, parfois, un échec antérieur, engagement durable, autant de réalités peu banales, fondamentales, que nulle autre expérience humaine ne sollicite à ce point.

Au cours des dernières décennies, j'ai vécu de véritables aventures laïques, dans les deux sens évoqués plus haut.

Voici un couple qui se présente à moi en vue d'un mariage à l'église. Lui, un riche entrepreneur en construction, elle, une propriétaire d'un salon de coiffure. Tous les deux avec un air « mondain », comme on disait autrefois. Apparemment aucune fibre religieuse. Je leur suggère d'opter plutôt pour un mariage civil. Ils me disent un franc non. Moi, je me disais intérieurement : c'est sans doute parce que c'est plus beau à l'église ou parce qu'il y va de la tradition familiale. Mais j'avais tout faux. « Non, non, me disaient-ils avec conviction, se marier aujourd'hui, c'est un acte de foi ! On sait qu'on est à contre-courant, parce qu'ici au Québec, il y en a beaucoup qui ne croient plus en l'amour durable qui traverse la vie. Puis, à part cela, on veut des enfants, au moins trois… Ce n'est pas très populaire dans notre milieu de vie. » Et lui d'ajouter : « Je suis surpris que vous ne nous demandiez pas si on croit en Dieu, en Jésus-Christ. » Je suis tombé de ma chaise. Une fois de plus j'étais « dans le champ » par rapport à eux. Ces deux futurs mariés à la fin de la vingtaine avaient une spiritualité, et des valeurs, chrétiennes. Leurs convictions avaient un fond spirituel. Ils n'étaient pas des pratiquants d'Église, plutôt des pratiquants de la vie dans la foi et de la foi dans la vie, avec des valeurs spirituelles vécues au quotidien.

Voici un autre couple, dont l'un des deux membres était divorcé. Ils s'étaient remariés civilement. Je les vois encore qui me demandaient avec ferveur une bénédiction nuptiale, les larmes aux yeux. Ici encore je me disais intérieurement : c'est parce qu'ils ne veulent pas manquer leur coup une deuxième fois. En même temps, j'avais honte en pensant que l'Église refuse l'eucharistie aux divorcés remariés. Quelle tragique exclusion de l'essentiel de la foi chrétienne ! Et eux de me dire : « On veut mettre Dieu dans notre vie, notre couple, notre amour. On croit fort qu'il ne veut pas nous exclure, qu'il y a quelque chose en nous qui vient de Lui, qui nous relie à Lui. C'est vrai qu'on est loin de l'Église, mais on a une vie spirituelle. » Et de me raconter ce qu'ils transmettaient à leurs enfants, comment ils vivaient leur famille recomposée, et puis leur engagement altruiste.

On me dira que mes deux exemples sont des « cas » exceptionnels. Il n'en est rien. Dans mon long périple de prêtre, j'ai souventes fois accueilli les gens de la marge de l'Église, mais à plein pied dans le spirituel laïc, y compris chez des gens qui vivent sans aucune référence religieuse ou spirituelle explicite et dont la vie se distingue par leur implication dans les enjeux de la justice et des nouvelles solidarités à bâtir. C'est même avec eux et grâce à eux que j'ai pris conscience que les sources chrétiennes bibliques et évangéliques sont traversées par une tradition séculière, laïque, profane d'humanisation, qui culmine en Jésus de Nazareth, humain comme nous et fils de Dieu. C'est l'esprit même de cette tradition prophétique qui n'a cessé de soumettre le religieux au primat de l'humain, de la justice et de l'amour tout court. Comment oublier que dès le début de la Bible, c'est le couple humain qui est le premier messager du Créateur et de son dessein sur l'humanité ?

Dans la Bible, le *Cantique des Cantiques* sonne comme un texte très « laïc ». Il parle d'amour, de désir et de sexualité sans jamais faire référence à Dieu. C'est dans le même esprit que j'ai écrit cet hymne à l'amour conjugal :

> Quoi de mieux que la musique pour signifier et enchanter l'amour d'un homme et d'une femme ?
>
> D'abord le tempo, la scansion et les chaudes tonalités de la vie conjugale et familiale avec ses *allegro, adagio, andante ma non troppo*, bémols, soupirs, pauses, dièses et silences impromptus, capriccios, ballades, chaconnes, préludes, fugues et contretemps, commas, syncopes ou contrepoint, accords, diapason, croches, double croches et ces notes tantôt noires, tantôt blanches.
>
> On y trouve tous les mouvements du cœur, de la vie, de l'amour et aussi de l'âme.

Comme Mozart, toujours chercher deux notes qui s'aiment.

Comme Beethoven qui, au creux de l'épreuve de sa surdité, a composé l'extraordinaire hymne à la joie de sa neuvième symphonie. Mais la symphonie amoureuse est toujours une symphonie achevée... comme un bon cru qui se corse et complexifie sans cesse son bouquet avec les années.

Il faut une profonde harmonie pour soutenir de fortes dissonances dans toute aventure amoureuse durable. Mais il y a plus.

On est vraiment en amour quand l'autre habite bellement notre paysage intérieur, notre musique et notre chant intérieurs, et ce fond poétique qui peut toujours réenchanter la vie et le cœur.

« Ne crois pas que tu puisses guider le cours de l'amour, car l'amour, s'il te trouve digne, dirigera ton cours » (Khalil Gibran).

Défie l'incroyance actuelle qui désespère d'un possible amour durable, car c'est la pire façon de tuer l'âme de la vie et de l'amour lui-même. Eh oui, l'amour sans âme n'a plus de ressort pour rebondir ! Il y manque l'amour de l'autre qui en est la source, et le goût de donner la vie.

Mais n'oublie pas non plus que, comme la musique, l'amour est un art à cultiver pour y lover les fibres les plus fines de ta chair, de ton cœur et de ton âme. Alors, il devient promesse tenue, beauté toujours neuve, mystère à découvrir, bonheur à mériter.

Oh ! Je le sais, l'amour qui traverse la vie n'a rien d'un long fleuve tranquille. Il tient davantage de la source qui se doit d'être plus têtue que les pierres de son lit et de ses embâcles. Il est aussi des marées hautes et basses de la mer avec ses fauves fureurs tempétueuses, mais aussi avec ses secrètes beautés sublimes et mystérieuses à explorer. Mais que serait la mer sans ses rives, ses goélands, son sable accueillant qui invite à toujours plus d'intimité et de recueillement partagé, toi et moi ?

Qui sait, un jour, peut-être tu lui murmureras à l'oreille du cœur :

> Je sais tous tes sortilèges,
> Tu sais tous mes envoûtements.
> Tu m'as gardé de piège en piège,
> Je t'ai perdue de temps en temps.
> Mon doux, mon tendre, mon merveilleux amour,
> De l'aube claire jusqu'à la fin du jour
> Je t'aime encore, oh oui, je t'aime. (Jacques Brel)

N'avions-nous pas raison, aux premiers jours de nos amours, de nous dire l'un à l'autre avec les poètes :

> Je te cherche par-delà l'attente
> par-delà moi-même
> et je ne sais plus tant je t'aime
> lequel de nous deux est absent.
> Tu es venu (e), le feu s'est alors ranimé,
> l'ombre a cédé, le froid d'en bas s'est étoilé.
> J'allais vers toi, j'allais vers la lumière
> avec tout au fond un acte de foi... (Paul Éluard)

Oui, à chacune de ses étapes, la vie de couple est porteuse d'ouverture à l'autre, de soutien et de chaleur, d'ouverture sur l'avenir aussi. Une spiritualité humaniste y trouve amplement à y puiser. Une spiritualité laïque chrétienne aussi, elle qui a l'amour inscrit au cœur même de son programme génétique.

La retraite et ses ouvertures sur le spirituel

Voilà une autre étape importante de la vie. La retraite ouvre des espaces et des temps propices à ressaisir sa propre expérience de vie. Et boire à son propre puits. Le puits est un beau symbole pour suggérer les sources spirituelles cachées au fond de l'être humain. Et la retraite peut libérer ces forces d'âme pour qu'elles ne deviennent pas des eaux dormantes. N'est-ce pas en donnant de son eau que le puits se renouvelle ? Creuser le puits de sa vie : quelle belle image pour figurer l'aventure intérieure et altruiste du retraité ! Dans un groupe d'hommes vivant dans un centre d'accueil et dont je parlerai plus loin, plusieurs disaient que c'est en partageant leurs récits de vie qu'ils avaient appris à parler de leur intérieur et se l'approprier. Une autre riche marque d'une spiritualité laïque au quotidien.

Comment ne pas souligner le formidable précédent historique qu'est une retraite qui peut désormais durer quelques décennies ! Une richesse non seulement pour le retraité lui-même, mais aussi pour les autres générations et pour la société en général.

Un jeune professeur d'histoire au secondaire était découragé du peu d'intérêt de ses étudiants pour sa matière. Il m'a confié : « J'ai fait le pari que faire venir des aînés pour raconter leur

histoire soulèverait l'intérêt chez mes étudiants. » Et il ajoutait :
« Ce fut effectivement le cas. Et les aînés me remerciaient en
me disant : "Vous n'avez pas idée du sens et du bonheur que
nous a procurés cette expérience ! On est tellement bloqués sur
l'immédiat dans la vie d'aujourd'hui ! Cela ne nous incite pas
à réfléchir sur notre vie. Alors à la retraite, on se 'garroche' dans
les loisirs permanents, comme des enfants, ou bien on se renferme
à la maison." »

Le jeune professeur m'a fait remarquer que ces propos venaient
surtout d'hommes retraités. En l'écoutant, je me suis rappelé ce
qu'une femme m'avait raconté sur la déprime de son homme au
début de sa retraite. Elle disait : « Son identité la plus importante,
c'était son travail professionnel ; le quitter, c'est comme sombrer
dans le vide. »

Il m'a aussi parlé, avec une certaine gêne, de sa surprise d'avoir
entendu un autre son de cloche sur le passé religieux de plusieurs
aînés qui n'avait « pas grand-chose » à voir avec une certaine
Grande Noirceur. « Leur spirituel concret exprimé avec les mots
les plus simples de leur vie m'a touché autant que mes étudiants.
Ils nous parlaient de valeurs spirituelles comme l'esprit du don,
l'espérance envers et contre tout, le courage à toute épreuve. J'ai
réalisé que mes jeunes éprouvaient une certaine angoisse face
à l'avenir, à en juger par leurs questions aux aînés. Les aînés ont
tous affirmé leur foi en l'avenir, en évoquant toute leur vie consa-
crée à l'avenir de leurs enfants et petits-enfants. » Non, vraiment,
ce n'est vraiment pas parce qu'on est des vieux pommiers qu'on
donne de vieilles pommes !

Je pensais encore à Fernand Dumont qui a écrit un texte qui convient bien aux aînés, avec un titre magnifique : « L'avenir de la mémoire et la mémoire de l'avenir. » Eh oui, ce sont les aînés qui peuvent le mieux conjuguer le passé, le présent et l'avenir ! Dans leur aujourd'hui se concentre ce que saint Augustin exprimait en parlant du présent du passé, du présent du présent et du présent de l'avenir. Ce « présent » est un haut lieu de l'expérience spirituelle et religieuse, qui n'est pas enfermée dans l'immédiat mais se nourrit de durée et de long terme.

Le « réenchantement » du monde par les aînés prend bien d'autres formes. Pensons aux célèbres films « *La vieille dame indigne* » ou encore « *Harold et Maude* » qui mettent en scène des aînés bien peu conventionnels, libres, assumant leur singularité au risque de détonner dans un environnement trop balisé.

Pas besoin pourtant de pousser si loin l'extravagance. Je pense à un ébéniste de Montréal, retraité grincheux, dépité, désenchanté, qui a retrouvé sa joie et son élan de vivre en initiant à l'ébénisterie trois jeunes chômeurs de sa rue. Puis, il les a aidés à bâtir une entreprise de rénovation urbaine. « Et dire que j'avais perdu la foi tout en perdant le sens de ma vie ! »

Il serait dommage que l'idéal des retraités soit de décrocher le plus possible de la société au moment où celle-ci a bien besoin d'eux. Des jeunes nous ont dit que pour faire face aux temps difficiles, ils ont besoin des valeurs des aînés qui ont su traverser beaucoup d'épreuves.

Pensons au fort contingent de retraités de 55-75 ans, les premiers baby-boomers, en bonne santé, en pleine possession de leurs moyens, riches d'un réservoir d'expérience, d'expertise, de ressources humaines, de maturité acquise qui seraient on ne peut plus précieuses pour la société. Voilà non seulement un phénomène unique dans l'histoire, mais qui entraîne une responsabilité historique pour les aînés prospères : celle de travailler à ce que les prochaines générations ne soient pas écrasées par un énorme fardeau de dettes publiques et victimes d'environnements dégradés. Il y a là des requêtes morales, spirituelles et matérielles. Les aînés sont habituellement généreux pour leurs enfants et petits-enfants, mais qu'en est-il des enfants des autres, surtout les démunis ? C'est là un des tests les plus importants d'une spiritualité laïque authentique dans le contexte actuel.

J'ai souvent noté que les aînés actifs, engagés et généreux sont les plus heureux ! Au cours des années, j'ai noté des confidences d'aînés retraités sur leur foi. Ils ne m'en voudront pas de les citer même s'ils sont peu loquaces sur leur vie intérieure, surtout les hommes.

> – Je vis la plus belle période de ma vie. J'ai quatre petits enfants. En leur racontant ma vie... c'est comme si je la revivais avec eux. Je « m'approfondis » avec leurs questions. Croyez-le ou pas, j'ai plus de foi qu'avant, parce qu'elle est plus dans ma vie réelle, dans ma propre histoire, et dans le fait que j'en parle à mes petits enfants. Avant, je m'en tenais seulement à l'église du dimanche. (Un retraité de 72 ans)

– Je suis plus attentive au sens des choses, moins préoccupée du jugement des autres, plus apte à goûter la vie et ses cadeaux les plus précieux qu'on ne voit pas quand on se « garroche » de tous bords, tous côtés. Moi, j'ai retrouvé mon âme, mon Dieu. Je ne dépense plus ma vie, je la pense, je l'apprécie. Je la vis. Je deviens accueil. Mes petits-enfants sentent ça. Ils viennent passer des heures avec moi. Ils se reposent. Je leur apprends à goûter le silence, le temps de vivre, de s'écouter. Il y a un besoin de sacré chez l'enfant. Le sacré se découvre dans le silence. Cet espace, ils l'ont si peu dans la vie courante, très courante. (Une femme de 69 ans)

– Ce que je n'ai pu vivre avec mes enfants, je le vis avec mes petits enfants et leurs amis... cette liberté d'aller plus au fond des secrets de la vie, de la nature, du mystère de la mort, du caractère si précieux de chaque jour quand on sait ses jours comptés. Un nouvel émerveillement de la vie a jailli en moi depuis que j'ai apprivoisé mon vieillissement. Je sens que les jeunes enfants ont les mêmes questions que les miennes sur la vie et la mort. Seuls l'enfant et le vieillard osent les derniers « pourquoi ». Ce que bien des adultes trop occupés et pressés écartent souvent de leur pensée. Notre rôle est irremplaçable. Mon Dieu que le monde actuel fuit ce genre de choses ! On se prépare de moins en moins à la mort, il n'y a plus de vrais deuils. On n'est pas des chiens pour mourir comme ça, sans conscience ! C'est curieux comment les enfants m'écoutent quand j'ose leur parler de ça. (Une retraitée de 77 ans)

– Ma vieillesse m'a réconciliée avec mes limites, avec les limites des autres, aussi. Elle m'a ouverte aux choses plus grandes que moi. Je suis mieux plantée dans ma religion et en même temps plus libre. Pour moi, Dieu propose, mais ne s'impose pas. Je suis devenue un peu comme ça avec mes enfants, mes petits-enfants. La seule chose que je regrette, c'est qu'ici dans le Centre, on n'ose pas parler entre nous de religion et de politique, par peur de la chicane. Pourtant en privé, d'un à un, je me rends compte qu'il y a une vie religieuse, une soif spirituelle. On est peut-être trop fixés à nos vieilles affaires « secondaires ». Mais il y en a beaucoup qui pensent des choses qui scandaliseraient pas mal de curés. On a drôlement évolué, vous savez. (Un vieux professeur retraité)

– Un mot me vient, dit-elle, c'est « malgré ». J'ai eu à défoncer bien des « malgrés ». Malgré mes vieux os, malgré mes enfants divorcés et sans enfants. Malgré l'Église et ce qu'elle m'a fait subir. J'ai même eu à me réconcilier avec Dieu. Je ne m'attendais pas à tout ça, en prenant ma retraite de l'Hôtel de Ville. Ce qui m'a sauvée c'est mon groupe de femmes que nous avons créé comme club de lecture de livres spirituels. Nous sommes toutes des chrétiennes libres, critiques, autonomes, sans curé. On s'est dit que c'est peut-être ça l'Église de demain. Nos hommes viennent de décider de nous rejoindre, ça va barder ! (Femme de 71 ans)

Qui dit mieux ?

La profondeur spirituelle de la mort humaine

Parmi toutes mes expériences de pasteur, l'accompagnement des personnes en fin de vie a toujours été un moment très intense, tant physique que spirituel. Ma formation laïque en Action catholique m'incitait à jouer la carte du récit de vie de mon vis-à-vis, souvent angoissé face à la mort imminente. C'est ce qui me permettait de les aider à surmonter leur peur de Dieu. Voici comment.

Je reprenais avec eux ce qu'ils avaient fait de bon et je leur disais : « Avec ça, jetez vous dans ses bras, le Dieu d'amour ne pourra pas vous résister. » Cette démarche a renforcé ma conviction laïque qu'on meurt avec toute sa vie. « En tes mains je remets ma vie. »

Ou encore, je les branchais sur l'être le plus cher qui les avait aimés et qui allait les recevoir là-haut avec le même amour. « Ce sera votre pied-à-terre de l'autre côté. » Je pense à ce cancéreux qui disait à ses enfants et petits-enfants : « Comme j'ai été accueilli dans le monde dans des bras d'amour, ça va être la même chose de l'autre côté. »

Ce qui m'a souvent frappé, c'est le fait que la plupart n'utilisaient pas des mots religieux pour exprimer leur spirituel. J'en veux pour illustration ces « sentences » que l'on retrouve sur les cartes souvenirs remises aux personnes venues témoigner leur sympathie lors d'un décès :

- Chacun porte sa mort en soi comme le fruit son noyau, prêt à germer pour une autre vie.

- La mort, c'est un peu comme la lampe qui s'éteint quand se lève un nouveau jour.

- Je ne vous quitte pas, j'arrive sur l'autre rive où des êtres qui me sont chers m'accueilleront à bras ouverts. Et je serai votre pied-à-terre de l'autre côté.

- L'arbre dans la forêt semble pareil à tous les autres, d'égale taille. Mais abattu et couché, il révèle son étonnante grandeur.

- Quand on quitte cette terre, il ne reste que ce que l'on a donné.

- Je dis que le tombeau qui sur la mort se ferme ouvre le firmament, et que ce qu'ici bas nous prenons pour le terme est le commencement. (Victor Hugo)

– Mourir, au fond, c'est peut-être aussi beau que naître. Est-ce que le soleil couchant n'est pas aussi beau que le soleil levant ?

– À moins qu'il ne meure, le grain reste seul, il ne porte pas de fruit. (*Jn* 12,24)

Même la parole tirée de l'évangile fait référence à une réalité séculière !

Ceci dit, personne n'est vraiment à l'aise face à la mort. Cela peut conduire à des paroles peut-être bien intentionnées mais tout à fait inappropriées. Je n'oublierai jamais cette visite à un salon funéraire avec un de mes confrères. Les parents venaient de perdre leur jeune enfant suite à un accident mortel. D'entrée de jeu, mon confrère dit à la mère : « Votre petit gars est devenu un petit ange au ciel. » Cette femme était furieuse. On ne lui avait pas laissé le temps de dire sa peine et ce qui était arrivé. J'ai eu peine, à mon tour, à la convaincre de venir à l'église pour les funérailles de son fils. Ce qui m'amène à aborder une autre question.

Les cérémonies d'adieu, y compris celles qui comportent une dimension religieuse, se déroulent de plus en plus souvent dans des lieux séculiers. Que faut-il en penser ? Ce n'est pas la place qui manque dans nos églises ! Des spécialistes dans l'étude des religions parlent d'exculturation de l'Église, une façon de dire qu'elle ne fait plus partie de la culture moderne, sauf pour des événements exceptionnels. À tort ou à raison, j'y vois un symbole du déplacement nécessaire du christianisme.

Si en principe et de manière générale je ne suis pas mal à l'aise devant cette « exculturation » de l'Église, c'est que je n'ai cessé de la vivre dans tout mon itinéraire. Mais j'avoue qu'en relation avec la mort, j'ai de la difficulté à m'y faire. La déchirure du rideau sacré du temple au moment de la mort de Jésus (*Mt* 27,51) et sa résurrection qui passe par sa mort hors d'un lieu religieux, à l'extérieur de la « ville sainte », tout cela devrait me faire penser que c'est en milieu profane (*pro-fanum* : hors du temple) que l'Église doit mourir à elle-même pour renaître. Face à cela, je ressemble au vieux Nicodème de l'*Évangile de saint Jean* à qui Jésus dit : « Si vous ne croyez pas lorsque je vous dis les choses de la terre, croiriez-vous si je vous disais les choses du ciel ? » (*Jn* 3,12). Le premier déplacement de l'Évangile, c'est vers les choses de la terre, vers le rapport mort-vie, vers la justice. Je pense croire à cela.

Mais il m'arrive autre chose. Après avoir été longtemps un « accompagnateur » des mourants, me voilà à la porte de deux morts, ma mort physique et la mort de mon Église qui a eu une place très importante dans ma vie. Bien sûr, je suis un « volontariste » qui travaille d'arrache-pied avec des chrétiens pour préparer une Église autre. Et je le ferai jusqu'au bout de mon chemin. Mais je vis à mon tour ce que j'ai connu et vécu avec les autres, pour les autres. Je suis comme ce vieux monsieur aux portes de la mort qui me disait : « Tant de choses tombent et meurent actuellement autour de moi. Mes petits-enfants vont avoir de très gros problèmes de survie, tout craque dans le monde, c'est difficile de croire à quoi que ce soit, y compris l'existence de Dieu. Et vous Monsieur l'abbé, vous êtes vieux comme moi et aussi amoché, vous y croyez ? Avez-vous des doutes ? »

Je lui ai répondu : « Oui. Mais le fait d'avoir tenu le fort pendant tant d'années, malgré les multiples raisons que j'ai eues de décrocher, me convainc qu'il y a quelque chose, quelqu'un qui m'amène quelque part, surtout dans la nuit que je vis. Ce qui me sauve aussi, c'est que j'ai vécu ma foi en m'exposant dans les défis du monde réel sans protéger mes arrières. Ce que je n'aurais pas réussi à faire si j'étais resté dans la bulle de mes certitudes religieuses non éprouvées par la vie réelle, jalonnée de beaucoup d'incertitudes. Sans compter les nombreuses incertitudes actuelles face à l'avenir.

« Dans mon parcours ce sont des gens comme vous, cher monsieur, qui ont rendu ma foi passionnante, poignante, risquée, dans un réel non défini à l'avance. Je ne crois pas vraiment à une Providence divine qui nous assurerait de voguer à bon port sans question, sans doute, sans écart du seul et unique bon chemin. Parfois je me dis qu'une foi certaine, ce n'est pas une foi. Aujourd'hui, selon moi, on vit davantage ce que sont les aspects forts de la foi : confiance, pari, risque, décision personnelle réfléchie, volontaire et libre. »

Des échanges que j'ai eus avec cet homme, j'ai retenu ici surtout sa question : « Vous, y croyez-vous ? » C'est le contexte laïc d'aujourd'hui qui rend cette interpellation possible. J'y vois une certaine confirmation que grâce au coude à coude et à ces échanges sur nos récits de vie, j'ai senti que j'étais l'un des leurs.

J'ai encore vécu cela avec un groupe d'hommes dans un centre de soins prolongés (jusqu'à la mort) où j'ai été bénévole. Je m'étais rendu compte que contrairement aux femmes, les hommes étaient comme repliés sur eux-mêmes, silencieux et plus tristes. Autour des fruits des champs que j'apportais, nous avons pris l'habitude de partager nos récits de vie. Je les consultais aussi pour mon homélie du dimanche. Quelque chose de grand s'est produit : ils se relayaient quand l'un des leurs était mourant. Pas un seul membre du groupe n'est mort seul. En fait, ils avaient préparé leur mort avec toute leur vie, je tiens à le souligner à nouveau, parce que j'y vois là un autre trait d'une spiritualité laïque.

En contrepoint à ces expériences positives, je ne résiste pas à dire ma peine devant la commercialisation de la mort. Les messages publicitaires disent que l'entreprise funéraire va s'occuper de tout. « Vous n'aurez rien à faire, rien à penser. » On ne saurait mieux effacer ou réduire à si peu les deuils et la profondeur spiri-tuelle de la mort humaine. J'en frémis quand je les vois balancer leurs morts en deux temps, trois mouvements. L'incinération se prête à cette vitesse grand V.

À ce sujet, j'ai souvent médité ces mots du philosophe athée Comte-Sponville :

> Ce que la religion chrétienne apporte, lorsqu'on a perdu un être cher, ce n'est pas seulement une consolation possible ; c'est aussi un rituel nécessaire. Une veillée funèbre, une oraison, des chants, des prières, des symboles, des attitudes, des rites, des sacrements. On n'enterre pas un homme comme une bête. On ne le brûle pas comme une bûche. Le rituel chrétien marque cette différence, il la souligne,

il la confirme. Eh oui, le christianisme humanise la mort et la civilise (et l'ouvre sur un horizon de sens et chez les croyants chrétiens, sur Dieu) [57].

Sur un plan plus large, que penser d'une civilisation qui traite ainsi ses morts ? Le caractère civilisé est un trait important d'une spiritualité laïque. Cela vaut pour la mort comme pour la vie.

Autre heureuse surprise quand des gens font un testament spirituel en disant leurs volontés et en transmettant leur foi et leurs convictions. Encore ici le récit de vie, les mots pour les dire sont d'abord séculiers, laïcs, y compris quand vient le temps de faire état de leur démarche religieuse.

Cela dit, je veux revenir sur ma propre démarche face à la mort. À la fin de ma vie, loin de me réfugier dans un retrait monacal, ma foi s'incarne paradoxalement davantage dans les réalités terrestres et leur portée symbolique. Cela me ressuscite avant ma mort que j'espère dans les bras du Seigneur. Ce n'est plus en théorie, mais bien concrètement que je peux réaffirmer que la mort humaine physique est riche de profondeur spirituelle. Elle nous met en présence du mystère ; elle ouvre notre finitude sur des horizons infinis et éternels déjà présents dans la conscience humaine. Il s'y passe quelque chose d'analogue à ce que j'ai évoqué à propos de la naissance d'un enfant. La perspective de sa propre mort peut conduire quelqu'un à des expériences intérieures d'une indicible beauté, comme cet étonnant sentiment océanique dont parlait Comte-Sponville que j'ai cité au début de mon bouquin.

---

57. COMTE-SPONVILLE, A. *L'esprit de l'athéisme*, p. 21.

Bien sûr, il y a toujours au fond de moi, comme de tout le monde, une certaine crise de foi à propos de l'existence de Dieu. Paradoxalement, ce sont des chemins séculiers, parfois très simples, dans la vie quotidienne, qui me relancent dans la foi. Par exemple, aujourd'hui même j'ai rencontré une jeune mère magnifique avec son bébé et une grand-mère émerveillée auprès d'elle. Il y avait dans cette scène familière une beauté qui a fait écho à l'intérieur de moi, le vieux célibataire. C'est comme si je participais à cet émerveillement qui me permettait de sortir plus vivant de mes « plus sombres labyrinthes »[58].

Le spirituel en filigrane

À chaque étape de la vie, nous venons de le voir, le spirituel est inscrit comme en filigrane dans le quotidien. Il est des moments où cette figure en filigrane devient presque visible. Car même le plus physique, le plus matériel peut être spirituel, et même signe de Dieu. C'était la conviction d'Einstein qui s'en prenait à ceux qui disaient qu'il ne croyait pas en Dieu. Je pense aussi à Darwin « émerveillé religieusement » devant l'évolution de la vie.

---

58. SINGER, C. *Derniers fragments d'un long voyage*, Paris, Albin Michel, 2003, p. 23.

Les chemins séculiers sont tellement riches et nombreux. William Blake écrivait :

> Voir un univers dans un grain de sable
> Et un paradis dans une fleur sauvage
> Tenir l'infini dans la paume de la main
> Et l'éternité dans une heure...[59]

L'infini, l'éternité... ces mots font parfois frémir tellement ils sont grands. Mais aussi, tellement nous ne faisons que passer et arrivons trop vite au dernier passage. Quand approche le dernier moment, une grande question semble inéluctable : quelle différence cela aura-t-il fait que je vive ? Quelle(s) trace(s), quel sillage vais-je laisser derrière moi ? La réponse à cette question se trouve très souvent dans ce qui constituera notre dernière voie d'accès au spirituel : l'engagement.

---

59. Cité par Trenh Xuan, *L'infini dans la paume de la main*, Paris, Fayard, 2000, p. 108.

IX
LA VOIE DE L'ENGAGEMENT

On l'aura compris depuis le début, le spirituel dont nous parlons ici n'est pas repli sur soi, mais ouverture sur l'autre, sur le monde et sur la vie. Il est fait, nous l'avons vu, d'intériorité et de décentrement. Ces traits de la spiritualité sont également les ingrédients de tout engagement authentique, désintéressé et tenace. L'engagement véritable n'a jamais été chose facile et, à notre époque marquée par l'individualisme et la crise des appartenances, il est particulièrement exigeant.

Je fais le pari que les grands défis auxquels nous sommes confrontés nous amèneront à chercher au fond de nous-mêmes des ressources spirituelles que nous ne soupçonnions pas au temps d'une certaine prospérité, prospérité que plusieurs croient, hélas, toujours présente ou sur le point d'être retrouvée. Oui, relever ces défis nous demandera à tous beaucoup de tonus spirituel. Aux différentes périodes de crise de l'histoire, l'être humain a toujours été capable de sursaut. Il s'en est toujours trouvé pour incarner ce sursaut. Pour nous limiter au XXe siècle, pensons à un Gandhi, un Martin Luther King ou un Nelson Mandela. Ils ont tous vécu un engagement total qui a eu un irrésistible effet d'entraînement. Et s'ils ont tenu malgré d'inimaginables oppositions, c'est, nous le savons, parce qu'ils savaient puiser à des sources spirituelles logées au fond d'eux-mêmes.

Nous ne transformerons sans doute pas un pays comme l'ont fait ces géants, mais c'est en transformant le monde autour de nous que nous nous transformons nous-mêmes. Pour nous, comme pour eux, le spirituel est à la source de l'engagement... et l'engagement est voie d'accès au spirituel : c'est bien d'un boulevard à deux voies qu'il s'agit.

Quand je me remémore les « engagés » que j'ai connus, je me rends compte que ce sont eux qui sont les plus intéressés et les plus réceptifs pour en arriver à une spiritualité laïque au quotidien et en vivre. J'en ai pris conscience en écrivant cet ouvrage et en refaisant une petite histoire de l'engagement que j'ai eu le privilège de vivre au cours des dernières décennies.

Je pense particulièrement à ceux et à celles qui, au cours de leur jeunesse, ont exercé des responsabilités altruistes dans différents mouvements sociaux ou religieux. Ce sont ceux-là qui, dans la vie adulte, ont vécu dans la même dynamique. Plusieurs m'ont dit qu'enfin, j'écrivais un livre qu'ils auraient le goût de lire ! C'est l'un d'eux qui m'a conseillé de le concevoir comme un livre de chevet. De quoi entretenir le goût de l'engagement ou même de retrouver le goût et la motivation de s'engager.

Bien sûr, la spiritualité ne s'identifie pas à l'engagement. Si je dis cela, c'est que j'ai aussi connu des militants chrétiens qui, en bout de route, ont regretté d'avoir trop négligé leur vie intérieure, d'où le sentiment de vide qu'ils ont lentement éprouvé en eux-mêmes.

Je trouve cela très émouvant. Presque tragique, même...

Il ne peut y avoir d'engagement solide et durable sans profondeur et force intérieure. Nous en verrons de beaux exemples dans ce chapitre où je vais tenter de ressaisir les liens entre l'engagement et la spiritualité, avec ses composantes d'intériorité et de décentrement, en reprenant certains des thèmes abordés tout au long des chapitres qui précèdent : la nature, les valeurs, la quête de sens, le croire, la conscience ou encore les passages de la vie.

La nature, source et ressourcement de l'engagement

La nature est source d'émerveillement et d'harmonie, mais également d'engagements impressionnants. Les menaces qui non seulement planent sur elle, mais ont commencé à la détériorer de façon accélérée sont aujourd'hui au départ d'implications admirables. Je pense à ce que j'appellerais la « spiritualité écologique », avec sa dénonciation de l'agriculture intensive, de l'élimination sans vergogne des milieux humides ou de l'exploitation minière destructrices de l'environnement, mais aussi sa promotion d'une agriculture saine et équitable et d'énergies propres et renouvelables.

Depuis quelques années, la célébration du Jour de la Terre s'accompagne d'énormes rassemblements de gens de tous âges et milieux. Beaucoup n'y sont pas au seul titre individuel, mais au nom de l'un ou l'autre des quelques centaines de groupes qui militent pour les différents enjeux écologiques. En y participant, j'y ai trouvé un climat fait d'un je ne sais quoi de sacré et de convictions profondes, j'ose dire de transcendant, au-delà de la politique et des revendications particulières. Un fort tonus communiel à la fois joyeux et grave. Le sens palpable d'une communauté de destin. Une célébration de la vie. Je n'ai jamais connu et vécu une telle intensité d'âme dans les si nombreuses manifestations auxquelles j'ai participé. J'y vois un signe des temps.

En me lisant, certains esprits religieux pourraient m'accuser de naturalisme païen. Pourtant, quand j'évoque en public le récit biblique de la création, jamais je n'ai reçu autant d'attention. Preuve qu'il y a ici une spiritualité écologique en émergence ou en attente.

Les défenseurs de l'environnement et protecteurs de la nature partagent largement la conviction que la terre est à tout le monde. Ils rejoignent ici largement un courant fort ancien de la spiritualité chrétienne, comme en fait foi le texte suivant qui date du VIe siècle :

> La terre est commune à tous les hommes et, par conséquent, les aliments qu'elle fournit, elle les produit pour tous communément. C'est donc à tort que se jugent innocents ceux qui réclament pour leur usage privé le don que Dieu fit pour tous...

C'est qu'en effet, quand nous donnons aux miséreux les choses indispensables, nous ne leur faisons pas des largesses personnelles : nous ne leur rendons que ce qui est à eux. Nous remplissons bien plus un devoir de justice que nous n'accomplissons un acte de charité[60].

Les valeurs de l'engagement

Les valeurs, nous l'avons vu, supposent qu'on les a choisies, qu'on les a faites siennes. On s'engage dans la promotion de ces valeurs et celles-ci soutiennent l'engagement. Pas d'engagement véritable qui ne s'appuie et ne se nourrisse des valeurs de durée, suivi, persévérance, courage et patience. Il y a là un fond spirituel évident.

L'absence de valeurs, ou l'incapacité de maintenir son adhésion aux valeurs sont tout à fait démobilisatrices. Comment peut-on imaginer qu'on ait le goût de s'engager dans quoi que ce soit si l'on n'a jamais rien connu de stable et si on n'a jamais eu de terrain solide pour appuyer son expérience ? Écoutons ce jeune adulte qui confie :

> Moi j'ai toujours été à l'essai depuis mon enfance. Toutes les nouveautés me sont passées dessus sans qu'aucune n'aie eu le temps de mûrir. Pendant mon

---

60. GRÉGOIRE LE GRAND. *Le pastoral* (3, 21), trad. J. Boutet, Desclée de Brouwer, 1928, p. 195.

enfance, mes parents ont adopté, l'une après l'autre, toutes les théories ou les recettes psychologiques à la mode. À l'école, de la maternelle à l'université, année après année, c'était souvent un nouveau programme qu'on expérimentait. En quelque sorte, j'ai vécu en laboratoire... dans des gares de triage.

En l'écoutant, je pensais à la quasi disparition d'une valeur comme la continuité, à la manie de revenir sans cesse à la case départ, un peu comme on a dû le faire, sous mode de rattrapage rapide, dans le passage de la société traditionnelle à la modernité. On dirait qu'on n'est jamais sorti de cette urgence alors nécessaire. J'en veux pour exemple le fait qu'au Québec, on a entrepris cinq régionalisations au cours des dernières décennies. Tout y est passé : les affaires sociales, les affaires municipales, l'éducation. Ici encore, on a mis chaque fois les compteurs à zéro. Et, sans même s'en rendre compte, on a répété les mêmes erreurs et cela à des coûts faramineux.

Comment peut-on espérer, je me répète, que des gens acquièrent une volonté politique lucide, suivie, courageuse et efficace si les pratiques quotidiennes ne sont pas tributaires d'engagement résolu et d'une conscience morale et spirituelle bien fondée sur des valeurs profondes largement partagées ? Ces ressorts sont indispensables, peut-être plus que jamais, dans le contexte actuel où règne un individualisme tout terrain et où se succèdent des changements incessants qui disqualifient l'esprit et les valeurs de continuité, de stabilité, de mûrissement, de projets menés à bonne fin. À tort ou à raison, je pense que la spiritualité qui soutient, mais que produit aussi l'engagement, pourrait être une base quotidienne pratique pour une société et des institutions plus viables et efficaces.

L'engagement, lieu de sens

Fin observateur de la société occidentale contemporaine, Jean-Claude Guillebaud fait un constat troublant quand il décrit

> un retrait progressif, un désengagement général, un refus de civiliser ou de corriger le monde. On se contentera dorénavant l'échanger les marchandises, de gérer le présent, d'y maintenir un ordre légal, de réguler au jour le jour ces contradictions ou de contenir les violences qui rôdent[61].

Ni le retrait, ni le désengagement, ni le refus, ni le « se contenter de » ne sont source de sens. Au contraire, j'y vois l'indice d'une absence de sens : sens direction, mais aussi sens signification. Grâce à Dieu, plusieurs veulent faire quelque chose. Le travail des personnes et des groupes engagés contribue à donner un sens à la vie sociale tout comme à la vie de ceux et celles qui s'impliquent.

On ne compte plus les systèmes même les plus sophistiqués dont le fonctionnement n'est plus un moyen pour remplir une mission, mais est carrément devenu leur unique finalité. Cela me fait penser à la boutade d'Einstein : « Je crains le jour où la technologie

---

61. GUILLEBAUD, J.-C. *Le goût de l'avenir*, Paris, Seuil, 2003, p. 330.

surpassera ou même remplacera nos échanges humains. Le monde aura alors une génération d'idiots. » Trêve d'ironie. Quand des institutions à vocation humaine et sociale deviennent de purs appareils, alors se brisent et s'estompent les sens de l'identification à l'institution, de l'appartenance, de la responsabilisation et surtout de l'engagement envers ceux qui sont la raison d'être de l'institution. Inversement, ceux qui quotidiennement prennent à cœur l'institution, sa mission et ceux qu'elle sert, ce sont eux qui la rendent viable.

Je vais en donner un bel exemple. Récemment une infirmière de l'hôpital où j'ai été bénévole prenait sa retraite. J'ai écrit un article à son sujet. J'en livre ici un extrait.

> Une vieille dame grecque venait d'être transportée à l'hôpital en catastrophe, après une crise cardiaque qui l'avait terrassée dans la salle des arrivées de l'aéroport. Pendant des heures, elle avait attendu en vain un petit-fils qui devait l'accueillir. Aucun signe de vie. Personne à qui s'adresser dans cet immense hall presque vide, d'un acier aussi froid que ses vitres givrées. De quoi regretter amèrement la pauvreté ensoleillée de son village déjà si loin. Bien peu d'entre nous ont connu l'angoisse des immigrants. Peut-être nos aventures pénibles dans les aéroports peuvent-elles nous aider à comprendre ?

> Échouer dans une chambre d'hôpital en pareille circonstance ajoute au traumatisme du dépaysement et de la solitude. Cette femme ne parlait ni français,

ni anglais. C'est là que commence une autre des mille et une aventures de l'infirmière que nous appellerons madame Latour. Entre ces deux êtres, une communication extraordinaire, aussi spirituelle que physique, va s'établir.

Je la vois encore nouée, moulée à la détresse de sa malade, pour mieux l'envelopper de tendresse. Pour cette « maîtresse femme », comme disait mon père, compétence et humanité sont inséparables. Quarante ans de vie professionnelle, sans cesse renouvelée, avec une âme de feu. On s'habitue, on se mécanise si vite, même dans ce métier-là... Mais pas elle. De patient en patient, jour après jour, elle avait développé une touche humaine impressionnante. Plutôt discrète, elle se contentait de dire, de temps à autre : « Mais enfin, pour qui, pour quoi sommes-nous ici ? » Il y avait là plus un appel qu'un reproche.

Cette vérité du geste, du regard, économe d'inutiles bavardages, allait lui servir une fois de plus. Les mains calleuses de la vieille dans les siennes, l'œil à l'affût du moindre signe, aucun besoin ne lui échappait. Elles ne tardèrent pas à se comprendre, à se sentir. Je pense aux mots de Vigneault chantés par Léveillée : « Avec nos yeux, avec nos mains, quand nous aurons été humains... »

Tant qu'il y aura des êtres comme vous, madame Latour, l'espoir nous est permis. Je le sais, vous n'avez jamais voulu faire les manchettes de la presse. Vous n'avez jamais voulu qu'on sache ce que vous avez fait pour nous aussi, pour mon ami cancéreux qui est mort dans vos bras. Ils sont des centaines qui auraient eu le goût de vous envoyer un bouquet de fleurs au moment de votre retraite. Combien de jeunes finissantes, d'une année à l'autre, ont acquis à votre contact ce qu'elles ont de meilleur en elles aujourd'hui !

Êtes-vous d'une race en train de s'éteindre ? Je n'ose y croire. Mais qu'arrive-t-il à des institutions comme l'hôpital, l'école, et les autres services du genre, quand le travail a perdu toute sève humaine ? Y a-t-il un déclin spirituel en dessous de cela ? Quelque chose comme la dévaluation de la spiritualité de l'engagement altruiste ?

Chère madame Latour, vous aussi, vous aviez de bonnes raisons de regimber devant tant de cas compliqués qu'on vous refilait sans vergogne. Des cas qui exigeaient de vous deux fois plus d'attention, de temps, d'énergie et de peine. Et pourtant, je vous vois encore, après quarante ans de service, aussi verte et tendre que les premières feuilles du printemps. Il y a chez vous quelque chose dont on ne parle plus, qui permet de renaître sans cesse, une lumière capable d'illuminer du dedans la tâche la plus obscure. Un sens. Une âme. Comme on ne peut la comptabiliser, la rentabiliser, la politiser celle-là, on en est venu à la croire inutile. Et le sel s'est affadi. Et le levain a perdu toute sa force. Bien sûr, et heureusement, il y en a d'autres semblables à vous.

Un métier, c'est plus que la maîtrise d'un champ particulier de connaissances et de techniques. C'est une façon de penser, d'agir, de communiquer, de vivre ; c'est un de ces lieux privilégiés qui nouent d'une façon inséparable la dignité, la solidarité et la qualité humaines. Sans un sens élevé du métier, la technologie médicale la plus sophistiquée sera toujours « un remède de cheval »... et, encore pire, un pur outil au service d'une organisation patronale-syndicale calquée sur le modèle industriel.

L'engagement de madame Latour dans son travail a du sens et donne du sens à sa vie. C'est la raison pour laquelle elle peut, par sa manière d'être et par un travail consciencieux, donner à son tour du sens aux personnes qui, en raison de leurs souffrances et de leurs inquiétudes, perdent momentanément le sens de leur existence. Je ne sais pas à quelles sources spirituelles cette infirmière s'abreuve. Il pourrait s'agir aussi bien d'un sens aigu de l'humanité et d'un respect profond de la vie que de la conscience reconnaissante que toute vie est un don de Dieu que l'être humain prolonge comme naturellement chez les autres.

Le « croire » et l'engagement

La profondeur d'humanité de cette infirmière engagée introduit bien le lien entre le « croire » et l'engagement. J'ai souvent noté dans mon travail social et pastoral que les engagés au quotidien étaient des êtres de foi. Une foi laïque au sens où je l'entends dans ce livre, parfois religieuse, parfois pas. Comment pourrait-on entreprendre un projet sans y croire au départ ? Il en va de même d'un engagement soutenu qui permet d'y croire mordicus, surtout au quotidien et pendant longtemps. J'en sais quelque chose avec mon itinéraire de service depuis plus de 57 ans.

Il m'a fallu un « croire » très fort et très vivant pour dépasser mes tentations de « dételer », voire de décrocher. Il y avait chez moi un lien important entre engagement et vocation. Ah je sais ! Ce dernier mot n'existe pratiquement plus. Cela m'étonne parce qu'il a d'abord un sens laïc : l'appel, l'appel de son frère humain. Un appel qui concerne tout le monde. S'y rattachent les vertus de fidélité, de loyauté, de résilience, d'espérance aussi entêtée qu'entreprenante. En tout cas, c'est ce que j'ai vécu. Je n'en tire aucune gloriole, car ma foi vocationnelle était heureuse, même lorsque j'en « bavais ».

Pour m'expliquer j'utilise une enquête récente sur le bonheur. À la question : « Qu'est-ce que le bonheur selon vous ? », plusieurs répondaient par des clichés à la mode : être bien dans sa peau, faire à sa guise, etc. Un peu plus loin dans le questionnaire, on demandait : « À quel moment avez-vous été le plus heureux dans votre vie ? » Ici, plusieurs répondaient : « C'est lorsque j'ai réussi à surmonter une grosse épreuve, et cela malgré les énormes sacrifices que j'ai dû faire. » Ici, on change de niveau. L'épreuve confronte toujours nos convictions. Elle questionne l'authenticité de nos « croire » et, souvent, les transforme. Encore ici la spiritualité de l'engagement rejoint cette dynamique.

Un des plus beaux exemples d'engagement et de foi dont j'ai été témoin dans ma vie vient de parents qui ont choisi de prendre soin de leur enfant handicapé. Je pense particulièrement à ces enfants que les professionnels de la santé pensaient devoir placer en institution, parce que leurs parents ne pourraient, croyaient-ils, rien y faire. Eh bien non, il y a de ces parents qui ont réussi des merveilles dans un long accompagnement dynamisé par leur foi indéfectible. Ils ont « cru » en eux-mêmes, en l'enfant, en la vie. J'en donne un bel exemple, motivé et soutenu par un « croire » chrétien.

> Vous nous demandez pourquoi notre foi est forte et sereine, pourquoi nous semblons si heureux ? Nous allons essayer de vous révéler un secret qui nous échappe à nous-mêmes. Nous tenons d'abord à vous dire que nous sommes des chrétiens bien ordinaires. Nous n'avons aucun diplôme de sainteté. Nous voulons témoigner des merveilles que le Seigneur a faites chez nous, malgré nos faiblesses et nos péchés.

> Notre quatrième enfant est un infirme impotent. Son arrivée au milieu de nous a bouleversé la famille de fond en comble. À cause de lui, nous avons, les enfants et nous, redoublé de tendresse et de

délicatesse pour créer une atmosphère de compréhension et de sérénité. Les liens entre nous deux se sont raffermis ; notre vie familiale a pris une densité exceptionnelle. Nous étions tous amenés à un surcroît de courage pour affronter l'épreuve et dénouer les tensions inévitables.

Peu à peu, nous avons compris que cet enfant, c'était le Seigneur au milieu de nous. Le Seigneur qui, un jour, est apparu dans le monde comme un enfant faible et sans défense. Le Seigneur nu dans la crèche et sur la croix, qui réconcilie mystérieusement les hommes et leur apporte une force inattendue et une paix qu'ils ne pouvaient se donner. Pour nous, Il s'était caché dans cet enfant pour continuer ou renouveler son mystère. Ainsi Dieu prenait un visage aussi concret qu'en Jésus à Bethléem ou au calvaire. La force nouvelle que nous en tirions nous convainquait de sa résurrection. Nous nous sentions forts à cause de Lui. Nous avons vu, dans le regard fragile et quasi éteint du petit, une lumière d'espérance qu'on ne saurait expliquer. Elle ne cesse de nous ranimer au moment des tentations de découragement. Peu à peu, nous sommes entrés dans ce Royaume de paix qui jusque là nous apparaissait si vague, si loin de nous.

L'Évangile devenait familier dans nos vies. Nous avons bâti notre liturgie familiale autour de la Parole du Seigneur. Chaque soir après le souper, autour de la table, nous faisons un court bilan de la journée, nous ouvrons l'Écriture pour interroger le Seigneur avec cette conviction qu'Il est au milieu de nous. C'est comme notre respiration spirituelle. Vous voyez, il n'y a rien de compliqué dans tout cela. C'est à la portée de tout le monde. Chez nous, chacun reste libre de participer à cette courte rencontre. Pierre, le plus vieux, n'y a pas participé pendant un an, puis il est revenu de lui-même.

Voilà notre secret. Nous voudrions tellement que tous, croyants et incroyants, découvrent la perle cachée qui est toujours là à portée de main, au creux de la vie ! La nôtre, ç'a été le petit dernier qui nous l'a fait découvrir.

Emmanuel, Dieu-au-milieu-de-nous : un mystère qui a bouleversé le monde... et notre petite vie à nous. L'Incarnation, c'est ce que nous avions compris le plus mal. Nous y croyions vaguement, comme à un événement lointain et invérifiable, comme à un grand dogme définitif. Une affaire classée, quoi ! Pourtant, cette vérité devient vie, personne, réalité concrète, quand elle prend un visage humain proche de nous.

La conscience et l'engagement

Mais l'engagement qui me tient le plus à cœur, parce qu'il est le plus quotidien, le plus ordinaire, c'est l'engagement qui tient du qualitatif « consciencieux ». J'en ai parlé très succinctement dans le chapitre sur la conscience comme voie d'accès au spirituel.

Cette forme d'engagement nous concerne tous. On la retrouve dans tous les milieux de vie, dans toutes nos responsabilités et toutes nos tâches. Je retiens particulièrement ce que j'appelle le travail consciencieux et le souci de bien le faire. Et j'ai beaucoup de raisons d'insister sur cela. La principale est que trop souvent aujourd'hui, on semble ne trouver de sens qu'en dehors de son travail. Pourtant, il occupe le tiers de notre vie quotidienne. Je parle ici bien sûr de la population active. Tout ce passe trop souvent comme si le salaire ou le revenu, souvent lié aux promotions, était la seule chose importante dans le travail; comme si c'était ailleurs, dans les relations affectives ou familiales, ou dans les loisirs, que la personne trouvait ce qui compte dans sa vie.

S'acquitter au mieux de ses responsabilités et bien faire son travail n'est-il pas, au fond, une affaire de conscience ? Ne parle-t-on pas de « conscience professionnelle » ? On ne compte plus les graves conséquences et les coûts de tant de travaux mal faits.

L'engagement de quelqu'un dans son métier ou sa profession est pourtant ce qui contribue le plus à créer un milieu de travail vivant, chaleureux, amical et efficace. L'implication de chacun donne à l'institution plus de qualité, de crédibilité, de succès, et de bons services. Normalement, le travail est porteur d'un des principaux liens sociaux, et du sens de la responsabilité. C'est un des lieux des plus importants de l'engagement au quotidien. Comment ne pas voir que cela a à faire avec la conscience morale et spirituelle ? À tort ou à raison, je pense qu'il y a ici quelque chose de fondamental dans la vie, dans la société, dans la dignité personnelle, dans le rapport aux autres. J'ose rappeler la tradition spirituelle qui donnait un caractère sacré au pain quotidien rattaché au travail – gagner sa vie, gagner et partager son pain.

En tant qu'éducateur pendant toute ma vie active, je ne puis retenir une réflexion sur l'initiation au travail, chez l'enfant, particulièrement les garçons. Déjà durant l'enfance, on confie des petits travaux et responsabilités domestiques aux petites filles, mais bien peu aux garçons : « Mon gars aime tellement le jeu ! » Plus tard, à l'école, pour surmonter son peu d'intérêt pour l'étude, on misera sur la carte du plaisir. Mais avec cette seule carte, le jeune n'a plus de motivation pour l'étude dès qu'il n'a plus de plaisir. Et apprendre, on le sait n'est pas toujours une partie de plaisir. Bien des choses s'ensuivent : décrochage scolaire, non « diplômation », fuite de tout engagement durable, et quoi encore ! Je m'étonne que dans les débats sur le malaise masculin, on ne parle pratiquement jamais de ces déficits d'initiation au travail que je viens de mentionner.

Les étapes de la vie et l'engagement

Ce dernier propos sur l'enfance et la jeunesse enclenche très bien ma réflexion sur la spiritualité des étapes de la vie comme lieux d'engagement.

Prenons l'exemple de l'arrivée d'un enfant dans la vie des jeunes parents. Elle limite leur liberté et entraîne plusieurs bouleversements dans leur façon de vivre, leurs loisirs, leurs projets personnels. Devenir parent, c'est un engagement jusqu'à la fin de ses jours. On peut dire mon ex-conjoint, jamais mon ex-enfant.

Mais le long terme ne fait pas partie de la majorité des pratiques individuelles et collectives d'aujourd'hui. Doit-on se surprendre du nombre relativement élevé de couples qui ne veulent pas avoir d'enfants ? Cela heurte les exigences premières de l'éducation, qui a comme caractéristique d'exiger beaucoup de temps. Et puis, l'enfant qu'on a fait pour soi, pour son propre plaisir, devient insupportable quand on n'a pas ou plus de plaisir avec lui. Depuis un certain temps, de graves drames découlent de cela. Ces drames ont une profondeur morale et spirituelle. Et il est très difficile de parler ouvertement des causes de ces problèmes troublants, tout comme il est difficile, par exemple, de parler des problèmes spécifiques de l'enfant unique.

Malgré ces dérives, on ne saurait oublier que chez la grande majorité des parents, la venue d'un enfant et l'engagement qu'elle implique ont des résonances merveilleuses d'amour et de bonheur, et aussi de conscience renouvelée du projet à long terme. Dans un monde déchiré, divisé, un peu partout sur la planète, il reste heureusement cette base commune d'engagement pour leurs enfants chez des milliards d'adultes. N'est-ce pas le plus bel engagement qui appelle une espérance entreprenante envers et contre tous ?

Au sujet des passages de la vie comme voie d'accès au spirituel, je veux m'attarder sur ce qu'on appelle la « génération sandwich ». Cette génération se trouve aujourd'hui au cœur d'enjeux inter-générationnels cruciaux ; elle est provoquée à consentir à de nouveaux engagements et à développer de nouvelles solidarités. Autour de la cinquantaine, on a parfois jusqu'à quatre générations sur le dos : petits-enfants à élever ou enfant en difficulté, conjoint à soutenir, un ou deux parents ou même grands-parents malades. Ce sont souvent les femmes qui assument les plus gros fardeaux, fardeaux qui en épuisent plusieurs. Il faut de fortes ressources intérieures pour faire face à des engagements longs et pénibles. Une des facettes les plus répandues, c'est la situation des parents qui ont à assumer leurs jeunes adultes qui restent à la maison familiale durant leurs longues années d'études ou leurs longues périodes de chômage, ou après une rupture du couple qu'ils formaient. Que de renoncement, de patience, d'abnégation mais aussi d'amour et de dévouement, toutes des valeurs hautement spirituelles, sont ici en jeu !

Mais les questions soulevées ici sont beaucoup plus larges. Il faut se rappeler que nous vivons un choc démographique unique dans l'histoire, à savoir un boom de naissances, suivi d'une dénatalité radicale. D'où une pyramide des âges inversée. Pour soutenir l'immense contingent des aînés il y aura une population active qui sera fort restreinte. Tout le monde le sait. Et un nombre grandissant d'aînés vont vieillir et mourir seuls. Quelles formes d'engagements saurons-nous inventer pour les accompagner jusqu'au bout de ce dernier passage de la vie que nous devrons presque tous franchir ?

C'est pour cela que j'insiste sur de nouvelles solidarités de générations et aussi de société qui commandent de nouveaux engagements et une fibre morale et spirituelle plus forte. Une sorte de révolution tranquille plus ardue que la première, y compris au chapitre des espèces sonnantes et trébuchantes ! Il y aura d'énormes factures de tous ordres à payer. Malgré la création d'un « Fond des générations », je ne suis pas sûr qu'on s'y prépare vraiment.

Nous retrouvons ici l'appel à conjuguer des liens plus forts entre l'intériorité et l'engagement, le vivre et l'agir ensemble. Fi ! de la techno du drone, il n'y aura aucun pilotage automatique de nos destins !

Avant de clore ce chapitre, je veux mettre l'accent sur une préoccupation qui me turlupine depuis un bon moment. Elle me semble tenir à la fois de la cloche d'alarme, de défis et d'un début de solution, sinon de problématique incontournable pour foncer dans l'avenir. Il s'agit de l'appartenance comme fondement de tout engagement.

Appartenance et engagement

J'œuvre en travail social depuis près de 60 ans. J'ai vu au fil des années s'effilocher le sens et la durée des appartenances et entrevu souvent les très graves conséquences qui en résultent.

Je me permets ici un bref rappel historique personnel. En 1950, j'ai vécu mes premières expériences sociales. Par exemple, j'ai été impliqué dans un projet de recyclage et de reclassement de jeunes chômeurs dans six pôles urbains des Basses-Laurentides. Dans ces associations de jeunes chômeurs, ceux-ci n'œuvraient pas uniquement pour eux-mêmes personnellement, mais aussi pour les autres chômeurs, dans une perspective de changement social et d'engagement durable. C'est ce qui s'est produit suite à la réussite de leur premier projet collectif.

Par contraste, j'observe qu'aujourd'hui, des associations consacrées à aider des gens à résoudre tel ou tel problème peinent de plus en plus à se donner une base stable, parce que leurs commettants s'en vont dès que leur propre problème est résolu. Sur un plan plus large, je me demande si la double condition de contribuable et de receveur de services ne place pas des gens dans certaines contradictions tributaires d'une piètre appartenance à leur propre société et à son bien commun. On les verra, par exemple, revendiquer le minimum de taxes et le maximum de services.

Autrement plus grave est la « désappartenance » institutionnelle dans des milieux de travail à mission sociale. Rares y sont les communautés et équipes de travail véritables et stables. Le sens du travail lui-même s'appauvrit quand il cesse d'être aussi un lien social. Je pense à des cliniques médicales où l'individualisme professionnel compromet même les tâches de suivi des soins.

Cette dramatique sociale s'étend à une foule de « désappartenances » : famille, habitat, milieux de travail, rapports aux institutions, à la politique, à la religion et, bien sûr, à l'école. Faut-il se surprendre, alors, que plusieurs rêvent d'une retraite qui serait comme un désengagement quasi-total de la société ?

Ce grave affaiblissement des appartenances fait qu'en fin de compte, il ne reste que l'individu, uniquement concerné par lui-même, pour lui-même, avec lui-même et en lui-même. Il ne devient « social » que lorsqu'il s'agit de défendre ses intérêts personnels. Ça, c'est tout à fait la logique du néolibéralisme. Heureusement, il y a plus.

Au meilleur de nos objectifs collectifs, nous valorisons le développement durable ; mais peut-il y avoir développement durable sans engagement durable, d'engagement durable sans appartenance durable ? Une société saine, une forte pratique démocratique, des institutions dynamiques, des milieux de vie et de travail conviviaux et féconds, sont tous tributaires d'un solide sens d'appartenance résolu et stable.

C'est tout le contraire d'une société où tout se vit à court terme dans presque tous les domaines, sans continuité minimale, trop souvent sans organisation quelque peu stable du travail. La « désappartenance » s'accompagne souvent d'un appauvrissement de la responsabilisation (de *respondere*, qui signifie répondre de soi devant l'autre et les autres). L'engagement durable se fait rare. Et les effervescences collectives s'essoufflent vite. Avec à peine un brin d'ironie, je dirais que le bruit des casseroles est loin d'être suffisant. À la rapide *high-tech* manque la *high-touch* de ce qui prend le temps de bien penser, de bien mûrir. Qu'on est loin de la sagesse philosophique qui considère que toutes les choses importantes requièrent beaucoup de temps ! Elle nous a donné le proverbe « Le temps défait ce que l'on fait sans lui. »

Il m'arrive de penser que nos plus précieuses valeurs modernes d'autodétermination requièrent une profonde inscription dans le temps et dans ses dimensions sociales. Ce qui a fait défaut, c'est que nous avons pensé que ces valeurs étaient faciles à vivre, alors que ne sont belles et bonnes que celles qui ont eu le temps de mûrir comme des fruits juteux et succulents. Il en va de même des requêtes des liens sociaux et communautaires durables.

À ce chapitre, la formidable expansion de l'économie sociale au Québec pourrait bien inspirer d'autres domaines de la vie collective. Il y a là de belles et nombreuses expériences sociales réussies et fécondes. Et qui durent. Et même quelques milliers d'associations de tous ordres. Mais cela ne doit pas servir à masquer ce qui se passe dans la vie courante, là où se logent l'essentiel de la vie individuelle et collective, la qualité de nos institutions, les profondeurs morales et spirituelles des objectifs de vie et des pratiques quotidiennes, et enfin le socle d'une intériorité bien structurée pour fonder des expériences humaines à long terme qui supposent du « souffle », autrement dit, du spirituel.

S'agit-il de culture citoyenne, de pratique démocratique et d'enjeux cruciaux, les luttes nécessaires réclament de longues et fortes appartenances. La « Révolution facile » est finie. Le vieil éducateur que je suis sait depuis longtemps que l'éducation est une tâche tellement ardue que « si tu n'as pas la foi, t'es foutu ». Cela ne vaut pas que pour l'éducation. Cela vaut pour tous les grands défis actuels.

Parvenu à la toute dernière étape de ma vie, j'ai le pressentiment que le « survivre » sera le lot de la très grande majorité des humains au XXIᵉ siècle, y compris chez nous. Cela me rend soucieux, mais pas pessimiste. J'ai toujours été d'une espérance têtue. Je fais le pari que les énormes problèmes et défis actuels et surtout futurs pourraient nous amener à aller chercher au fond de nous-mêmes des forces de rebondissement insoupçonnées et à nous serrer les coudes dans la conscience que nous sommes tous sur le même bateau, sans avoir la témérité de croire que, comme ce qu'on disait du Titanic, il serait insubmersible.

Peut-être devons-nous d'abord reconstruire le tissu social de nos propres milieux de vie et de nos institutions.

Et ce, en misant sur les facteurs d'espérance déjà à l'œuvre. J'en énumère quelques-uns.

Un peu partout dans le monde, et chez nous aussi, émerge une nouvelle conscience non seulement chez des individus, mais aussi dans les collectivités : à travers une multitude de « printemps », des citoyens, blessés dans leur dignité, refusent d'être réduits à n'être que des rouages de systèmes conçus et gérés sans eux, parfois même contre eux.

Un peu partout dans le monde, et chez nous aussi, des groupes, bien sûr minoritaires, initient des mouvements sociaux et politiques pour lutter contre les inégalités croissantes et une scandaleuse concentration des richesses. Ces luttes commencent à susciter dans nos sociétés un plus grand souci de partage et de nouveaux chantiers d'entraide.

Un peu partout dans le monde, et chez nous aussi, des inquiétudes profondes sur les graves problèmes d'environnement qui menacent les assises de la vie partout sur la planète suscitent une mouvance dynamique qui se prête à de multiples initiatives, soit critiques et revendicatrices, soit constructives. Les jeunes générations sont en passe de devenir les principaux acteurs de cette espérance entreprenante.

Dignité, partage, entraide, espérance : que de grandes valeurs spirituelles ! Au quotidien !

La longue histoire humaine a été marquée d'étonnants rebonds de peuples et de sociétés aux prises avec des défis jugés insurmontables. Pour nous, le plus grave déficit serait de ne plus croire en l'avenir. Qui sait, il y a ici et maintenant quelque chose de l'utopie d'une nouvelle et plus grande appartenance, l'appartenance à la famille humaine. Je suis d'une foi, d'une espérance et d'un amour, qui rêve sur l'horizon de l'Autre... possible !

BLOCAGES DE L'ACCÈS AU SPIRITUEL

> Nous sommes pleins de choses
> qui nous jettent au dehors.
>
> Blaise Pascal

Les voies d'accès au spirituel sont multiples. Elles ne sont pas toutes spécifiquement religieuses, nous l'avons vu : croyants et incroyants y marchent côte à côte. Elles ne sont pas non plus universelles : certaines personnes cheminent bien sur l'une alors que d'autres ne leur conviennent pas du tout. Je pense à la belle formule de Marcel Légaut : « Que chacun aille en paix sur la voie qui est sienne, avec l'exactitude de la fidélité[62]. »

---

62. Légaut, M. *Prières d'homme*, Paris, Aubier, 1978, p. 55.

Si les voies d'accès sont multiples, elles ne sont pas pour autant dégagées. Il y a des moments où la route est fermée par la neige et la poudrerie, d'autres où elle se réduit à un sentier touffu où l'on peine à avancer. En un mot, des obstacles se dressent et empêchent d'entrer ou d'avancer. J'énumère quelques-uns de ces blocages, rapidement, sans développer, sans mettre de nuances, comme autant de flashes ou de cris du cœur.

1er blocage : le plein

Eh oui ! Le plein (de choses, d'activités, de relations, de prétentions) encombre l'espace nécessaire à une vie intérieure. Un peu comme dans les cas d'œdème pulmonaire où les poumons chargés de liquide ne peuvent plus respirer. Quelqu'un a dit que nous vivons dans une société du plein : plein la panse, plein les oreilles, plein d'images, plein d'envie(s). Nous cherchons constamment à nous remplir.

Quand on vit tout en surface en se remplissant constamment de ce qui est extérieur, on ne sait rien de la richesse des profondeurs morales et spirituelles de la condition humaine. Quand l'agenda est rempli et qu'on est tout le temps occupé, on est incapable de donner du temps au temps pour mieux respirer sa vie, pour que sa conscience, son souffle, sa mémoire et son avenir soient inspirés.

2ᵉ blocage : le *fun*

On pourrait appeler une grande partie de notre société « Le Fun inc. ». Jadis, Blaise Pascal parlait de la quête effrénée du divertissement. Divertir, distraire : deux mots qui ont la même étymologie : détourner de. Aujourd'hui, on parle de la société spectacle en tout et partout. Même en politique. Même en pédagogie où le plaisir doit servir de motivation à l'école. L'humour s'infiltre sur toutes les scènes. Dans son livre *La tentation de l'innocence*, Pascal Bruckner souligne le transfert au sein de l'âge adulte des attributs de l'enfance : jeu continuel, surprise permanente, satisfaction illimitée. « Le mot d'ordre de cette infantophilie (qu'on ne doit pas confondre avec un souci réel de l'enfance) pourrait se résumer à cette formule : tu ne renonceras à rien[63]. »

3ᵉ blocage : la bouffe

À la télévision, on accorde quinze fois plus de temps à la bouffe qu'à l'éducation. Combien de fois ai-je entendu cette remarque : « Dans cette soirée, on a parlé que de bouffe, en voyage comme à la maison. » *All you can eat!*, placardent certains restaurants qui servent des assiettes de plus en plus grandes. Le gaspillage s'ensuit. Et l'obésité, bien sûr.

Il y a de quoi s'en scandaliser quand on songe à la faim dans le monde. Surtout quand la bouffe n'est plus une activité toute simple, frugale même, mais devient signe de statut social et de

---

63. BRUCKNER, P. *La tentation de l'innocence*, Paris, Grasset, 1995, p. 15.

gros train de vie, affaire de mode et de snobisme. J'exagère à peine. Je reconnais volontiers que c'est loin d'être le cas de tout le monde. Mais diable! Cet excès contribue aux inégalités croissantes. L'OCDE soulignait récemment que le Canada était loin d'être un champion de la prise en compte de ses enfants pauvres!

Pour certains, la bouffe a un caractère quasi religieux. Mais s'agit-il de spirituel? Trois de mes interviewés m'ont dit que le culte de la bouffe ou de la connaissance des vins et ses pratiques avaient plusieurs traits d'un rituel religieux. Ils me parlaient de ces caves de Cognac, en France, où paraît-il les rituels de dégustation ont lieu sous des voûtes et devant des vitraux semblables à ceux des églises.

4ᵉ blocage : le magasinage

Le magasinage a ses temples, les « centres commerciaux ». L'hyperconsommation, personne n'y échappe dans notre société d'abondance. C'est même l'activité principale des touristes, comme l'ont révélé de récentes enquêtes. D'aucuns disent que le monde entier est devenu un immense marché. On s'en prend, non sans raison, à l'idéologie néolibérale et à ses grands acteurs et propriétaires de l'économie.

Mais dénoncer les grandes entreprises et les firmes de publicité n'est pas une raison pour sous-estimer le rapport mercantile quotidien qui prévaut pour chacun de nous dans une foule d'autres domaines. Pratiquement tous les champs institutionnels et professionnels ont leurs « clients ». Il paraît même que le magasinage serait thérapeutique pour un certain nombre de consommateurs!

C'est le côté « soft » du matérialisme et de la pop psychologie. Tout cela me fait penser à Oscar Wilde qui disait : « Si bien connaître le prix et le coût de toutes choses, et en même temps savoir si peu leur vraie valeur ! » Tout devient objet, parfois même l'autre dans l'amour.

5ᵉ blocage : l'omniprésence du virtuel

Dans tout ce livre, j'ai voulu montrer que le spirituel se nourrit du quotidien, que le quotidien est le lieu premier du spirituel. Aujourd'hui, le quotidien se dématérialise. Mais il ne se spiritualise pas pour autant, au contraire. Le virtuel s'oppose à son opposé : le réel. La formidable révolution informatique, précieuse à plusieurs titres, n'en comporte pas moins des pratiques qui à la longue aliènent du réel, du rapport proprement humain, physique, corporel, face à face, sans intermédiaire mécanique ou électronique. Tant de technologies du virtuel permettent de passer des heures et des heures dans toutes sortes de démarches plus ou moins insignifiantes. Tout le monde connaît un adolescent captif de son iPad jusqu'à deux heures du matin. Un grand-père disait à son petit-fils : « Tu communiques avec des gens au bout du monde, la tête rivée à ta machine, et tu n'es plus là où tu es, tu ne parles presque plus avec nous, c'est comme si tu étais décroché du réel. » J'écris ces lignes au sortir d'un repas où mon compagnon de table a passé beaucoup de temps à répondre à son téléphone cellulaire. A-t-il même eu le temps de goûter ce qu'il a mangé, de savourer son repas... et ma présence ? Et que dire du dialogue électronique continuel sur Twitter avec ses très courtes limites de 144 caractères ! Parlant de dialogue, on dit qu'au cours des quarante dernières années, à la télévision, les téléromans en sont venus à présenter des séquences de dialogues d'une moyenne de 70 secondes. Pour la qualité et la profondeur de la communication, on repassera !

Mais le plus grave est peut-être l'impact de ces technologies du virtuel qui se traduit par une incapacité croissante de concentration sur des objets réels (personnes, textes), suite à cette exposition prolongée à un flot d'images. Ce déficit d'attention ne concerne pas seulement les enfants à l'école, mais aussi les adultes de tous âges. Des humoristes le disent bien : « Tu dois servir une *joke* à toutes les 15 secondes, sinon tu perds leur attention. »

Je disais plus haut qu'il y a toutes sortes de « virtuel ». Si je le pouvais, j'aurais pu parler de l'immense production de livres ésotériques qui en rajoutent par rapport à l'aliénation du pays réel, de la vie et de l'âme.

6ᵉ blocage : la vitesse

Le présent devient de plus en plus impatient. C'est pour cela que le passé et l'avenir paraissent si insupportables. Peu importe que la nature et la culture aient un rythme lent. Aujourd'hui, on ne sait plus attendre ; on peut penser à des phénomènes comme la rage au volant, la gouvernance et la gestion dont la seule règle est l'efficacité immédiate, la fortune instantanée grâce à la loto. L'envie de la satisfaction immédiate dépouille l'espérance et même le désir de tout charme et de tout sens. On communique plus, mais on se parle moins. On voyage plus loin mais on ne connaît pas son voisin. En un mot, on court, mais on perd sa vie à gagner du temps. Et sur un plan que le pasteur en moi connaît bien, tout rite se doit d'être administré rapidement, sans effort d'investissement personnel, sans mystère.

7ᵉ blocage : l'esprit blindé

Je pense ici à ceux qui se sont fabriqué un petit noyau dur de certitudes qui n'acceptent aucune remise en question, qu'il s'agisse de politique, de morale ou de religion. Cette épaisse gangue tient lieu d'un pseudo-spirituel qui se cache à lui-même sa condition de coquille vide, un spirituel sans cheminement, sans questionnement, sans ouverture sur tout ce qui est autre. Point de mystère qui occupe toujours le fond de l'âme humaine. Et aussi point de ce travail sur soi-même qu'appelle l'expérience spirituelle. Bref, ne rien aventurer, ne rien risquer. Aucun ressourcement pour se renouveler intérieurement et pratiquement. Bien sûr, il y a des degrés dans la solidité de ce blindage, mais l'image même suggère que la voie d'accès au spirituel véritable est bloquée.

8ᵉ blocage : le syndrome de la bulle

Face à la complexité croissante de la société et aux éclatements de tous ordres, plusieurs sont tentés de se constituer une bulle en soi et par soi, intemporelle et hors du réel. Ils cherchent à se protéger au maximum. Ce syndrome est le côté organique de l'esprit blindé. Qui ne voit que ce repli n'a rien qui favorise un bouillon de culture capable de générer une vie nouvelle ? La religion peut se prêter à ce syndrome. L'ésotérisme aussi. Mais il y a aussi la bulle de la télé ouverte en permanence, qui met en présence, au moins chaque dimanche soir, de la bulle du *star system* avec son jeu de miroir complaisant entre les acteurs eux-mêmes. En un mot, un petit monde narcissique qui tourne sur lui-même.

9ᵉ blocage : la pensée unique

Un sage de l'Antiquité disait que lors des temps brouillés, les hommes ont la tentation de sauter sur une seule corde qu'ils brandissent comme un arc menaçant l'autre, au lieu de tirer sur plusieurs cordes qu'ils pinceraient comme sur une lyre pour orchestrer les diverses dimensions de la vie et, en l'occurrence, une riche spiritualité. Cette métaphore permet de faire plusieurs lectures de ce qui nous arrive au chapitre de la pensée unique et de sentir comment cette dernière bloque l'accès au spirituel.

1. Il fut un temps en ce pays où tout était religieux. Puis, on est passé au tout politique et, de là, au tout culturel. Nous en sommes aujourd'hui au tout économique. Dans ce genre de tout, il n'y a pas de place pour l'intelligence du spirituel qui a besoin de distanciation, d'espace ouvert, de profondeur d'âme, de vis-à-vis critique et surtout, de discernement.

2. Une deuxième lecture tient du paradoxe, voire de l'opposition entre la liberté du sujet humain et le conformisme en tout et partout qui écrase la singularité des voies d'accès au spirituel.

3. Vient ensuite la rectitude politique (political correctness), cette fausse universalisation d'une norme unique et particulière qui ne laisse place à aucune distance critique, aucun débat, aucun autre possible. Allez donc bâtir une spiritualité sur pareil enfermement!

4. Enfin, je pense aux systèmes autoréférentiels qui n'ont à répondre que d'eux-mêmes. Cela se rencontre, par exemple, auprès des corporations professionnelles, des communautés culturelles, des Églises, etc.

Ces neuf traits de société sont autant de blocages qui laissent peu de place à l'intériorité, qui permettent peu de donner de l'âme à ce qu'on vit, à ce qu'on fait, à ce qu'on projette. Il y a là une opacité, une aporie, et disons plus simplement, un mur, un assourdissement de la voix de la conscience. Beaucoup d'opinions, mais peu de convictions bien réfléchies et bien fondées. On explique les événements inattendus par le hasard ou par une programmation qui vient d'ailleurs... de soi. Si bien que l'individualisme fait vivre hors de soi ou en s'absentant de soi-même. Comme me disait une interviewée, « j'aimerais bien me donner du spirituel, mais il y a tant de choses qui bloquent les chemins qui m'y mèneraient ».

Je sais d'expérience que ce genre de propos est honni, voire irrecevable pour plusieurs contemporains. Mais beaucoup d'autres pensent comme cette dame que je viens de citer. Pour ceux-ci, l'expérience spirituelle est porteuse de paix profonde, de liberté et de force intérieure. Et ce qu'il y a de beau et de bon dans le spirituel, c'est qu'il peut se vivre n'importe où, n'importe quand dans le quotidien de chacun, sans compter le fait que ça ne coûte rien. Dans ma réflexion sur les diverses voies d'accès, j'ai montré que plus de gens qu'on pense participent à cette mouvance prometteuse et luttent courageusement, comme dans une sorte d'ascèse, contre les obstacles que je viens d'évoquer.

ÉPILOGUE
DE QUELQUES SIGNES DES TEMPS

Les signes des temps sont des marqueurs d'importants changements historiques non seulement sociaux ou culturels, mais aussi moraux et spirituels. Parfois, il s'agit d'un changement global, comme le passage que nous avons connu, au Québec, du tout religieux à la sécularisation (par exemple : la déconfessionnalisation des institutions) et de celle-ci à une société laïque de part en part dans toutes ses dimensions. C'est du moins la tendance principale qui semble s'imposer de plus en plus.

Mais des états de fait sont indéniables. Par exemple, aucun de mes neveux, qui sont de beaux êtres humains, n'a la fibre religieuse. Rien dans leur vie n'a de rapport avec la religion. N'est-ce pas le cas d'un grand nombre de gens de tous âges et milieux ?

C'est là un changement radical, quand on sait que les sociétés ont été religieuses jusqu'au XVIIIᵉ siècle et, dans le cas du Québec, jusqu'au milieu du XXᵉ. On a beau parler d'un certain retour du religieux dans plusieurs sociétés occidentales laïques, la laïcisation ne cesse d'avancer, même au sein des grandes Églises traditionnelles. On trouve chez elles un courant laïc dans leur réinterprétation de la Bible et des évangiles, particulièrement dans la revalorisation de la tradition prophétique qui opère un déplacement de la religion vers les enjeux humains, « profanes » (hors du temple), comme nous l'avons vu dans cet ouvrage. La présence de ce courant est largement redevable à la laïcité qui nous rappelle à nous, chrétiens, que nous sommes d'abord des êtres au monde, dans le monde, avec lui, pour lui. C'est à partir de cette première base que nous avons à repenser notre foi, nos sources chrétiennes et notre inscription dans la société. Par exemple, dans notre reconnaissance de la liberté laïque de croire ou de ne pas croire.

Un humanisme spirituel commun est possible

Dans cet ouvrage sur la spiritualité laïque, j'ai fait le pari qu'un humanisme spirituel commun aux croyants chrétiens et aussi aux esprits laïques sans Dieu était possible. Cela va beaucoup plus loin que le fond culturel historique chrétien reçu par tous en héritage que Sartre, Camus et bien d'autres athées reconnaissent. L'horizon commun qui va plus loin, c'est celui de la transcendance. Les philosophes athées Ferry et Comte-Sponville parlent, avec beaucoup d'à-propos, de la transcendance humaine. Comme chrétien, je suis à l'aise en leur compagnie. L'Évangile n'opère-t-il pas un déplacement de la transcendance divine vers la transcendance humaine ? N'est-ce pas un des sens de l'Incarnation de Dieu en Jésus de Nazareth ? Dieu s'est vidé de sa condition divine pour se faire, en Jésus, humain comme nous (*Ph* 2,6-7) et se consacrer à la réussite de notre humanité, avec cette touche évangélique de la défense de ceux qui n'ont rien d'autre à faire valoir que le fait d'être humains. C'est là le lieu de la première transcendance humaine.

Déjà, chez les prophètes de la Bible, je viens de le rappeler, la transcendance se déplaçait vers la radicalité de la justice sociale, sur fond d'un très sévère procès du religieux quand ce dernier masque les structures et les pratiques sociales et politiques injustes, voire même les cautionne. On le voit clairement avec le prophète Amos qui, au nom des paysans exploités, disait aux bourgeois de la ville de Samarie, en faisant parler Dieu : « Je déteste, je méprise vos pèlerinages, je ne puis sentir vos rassemblements, quand vous faites monter vers moi des holocaustes ; et dans vos offrandes, rien qui me plaise ; votre sacrifice de bêtes grasses, j'en détourne les yeux ; éloigne de moi le brouhaha de tes cantiques, le jeu de tes harpes, je ne peux pas l'entendre. Mais que le droit jaillisse comme les eaux et la justice comme un torrent intarissable » (*Am* 5,21-24).

Je sais que la référence à la transcendance peut être, pour certains, quelque chose de très abstrait et difficile à comprendre. En des mots très simples, je dirais que pour le Dieu de la Bible et des évangiles, le sacré, le transcendant, c'est l'être humain, surtout celui que je viens d'évoquer : le pauvre, le fragile. D'où un souci permanent de l'humain et des pratiques quotidiennes de l'ordre de l'humanisation. Fait aussi partie de la transcendance humaine la mission fondamentale d'être confiés les uns aux autres et de faire de la terre une demeure bonne, juste, heureuse et fraternelle pour tous. Et comment ne pas donner à l'amour et au pardon une place majeure dans la transcendance humaine d'inspiration chrétienne ! Les athées que j'ai cités sont aussi de cet humanisme spirituel.

Qu'on me comprenne bien, cet humanisme spirituel commun ne doit pas être confondu avec la base commune éthique, juridique et politique de la société et de sa laïcité. Voyons cela d'une façon concrète.

Dans mon coin de pays, plus précisément à Saint-Jérôme, un groupe d'aînés de toutes postures, religieuses, non religieuses, humanistes ou athées, s'est entendu pour réfléchir sur ce que pourrait être une spiritualité laïque pertinente et inspirante dans la vie quotidienne. Nous avons exploré ensemble les voies d'accès au spirituel, et ce faisant, les contenus de sens de ce spirituel en construction. C'est du cœur de cette démarche qu'est né ce livre de chevet.

Là, j'ai été témoin de l'intérêt des uns et des autres pour ce genre de partage libre, sans clôture, sans hiérarchie. Avec des convergences de questionnements, de soucis profonds communs, de convictions parentes, de mêmes combats à mener. L'intérêt spirituel en était un de recherche d'intériorité, non pas sur le terrain religieux, mais plutôt profane, séculier, en plein cœur de la cité laïque.

Le pèlerinage à Compostelle me semble une excellente illustration de cette spiritualité commune dont je parle. Sait-on que 70 % des marcheurs n'ont pas d'allégeance religieuse ? Quelques membres de notre groupe de partage en ont fait l'expérience. Je me permets de livrer ici un extrait d'une lettre que m'a envoyée l'un d'entre eux.

> Dans ce contexte de pèlerinage « laïc », la marche elle-même est spirituelle. Tu y cherches une plénitude en faisant le vide. Au début, tu ne sais pas trop ce que tu cherches. Tes questions et tes doutes s'éclairent en chemin. Deux mois de route à plus de 20 kilomètres par jour, jamais dans ma vie je n'ai connu un pareil bain de silence, d'intimité avec moi-même et avec d'autres. Il y a entre nous une formidable communion spirituelle, sans aucune distinction sociale.
>
> Tu revis onze siècles. Chacun a laissé ses empreintes avec ses églises, ses cimetières, ses calvaires, ses vieilles auberges. Des millions de gens ont parcouru le même chemin, qui demeure chargé de leurs traces et de leurs mémoires. J'ai maintenant un autre rapport avec la religion, surtout la chrétienne. Sans ce très riche patrimoine, la laïcité risque de s'assécher spirituellement. Sur une stèle rencontrée en chemin, j'ai lu l'inscription suivante : « Si tu vas au bout du monde, tu trouves des traces de Dieu, si tu vas au fond de toi-même, tu trouves Dieu lui-même. » Pour un sans Dieu comme moi, j'avoue que cette

aventure m'a ouvert, dans ma façon de vivre, d'autres horizons de sens, spirituels, et des questions comme celle de l'existence de Dieu.

Si certains du groupe ont marché vers Compostelle, d'autres ont poursuivi leur cheminement intérieur par des voies différentes. Toutes ces expériences manifestent le souci de se donner des profondeurs morales et spirituelles.

Bref, il se dégage des échanges que nous avons eus un paradoxe éclairant sur la spiritualité laïque. Tout se passe comme si ce vaste champ du réel permettait aux esprits laïcs de vivre une riche diversité d'expériences spirituelles, mais ces dernières débordent tout système religieux. De plus, s'il y a bien un pluralisme des différentes postures religieuses, humanistes, agnostiques ou athées, il se crée pourtant quelque chose d'une communion spirituelle. Cette diversité même nourrissait dans le groupe le désir de se donner un humanisme spirituel commun.

C'est ce que j'observais lors de nos échanges. Utopie ? Signe des temps ? Je ne sais. Peut-être y a-t-il là un des piliers précieux dans la construction d'une nouvelle communauté de destin face aux énormes défis d'avenir du monde actuel, et cela jusque dans nos communautés locales. Bien sûr, les solutions d'ordre social, économique, politique appellent des chantiers qui leur sont spécifiques. Mais elles ne seront pas possibles sans de fortes convictions éthiques et spirituelles. Une solide et profonde spiritualité laïque peut y contribuer, dans la mesure où elle ne se vivra pas à côté de ces chantiers et de leurs mises en œuvre.

Un apport de l'humanisme évangélique

Un autre signe des temps est la prise de conscience, chez les chrétiens, de la portée universelle de l'Évangile. Certes, on sait depuis longtemps que la Pentecôte chrétienne a un sens universel, que le Dieu des chrétiens se veut pour tous les humains et qu'il est déjà présent là même où l'Église n'est pas encore, et même là où elle n'existe plus. Mais cette visée avait été en quelque sorte prisonnière du giron des Églises repliées sur elles-mêmes. Pour certains chrétiens, parler en termes d'humanisme évangélique ne risque-t-il pas de saper la base universelle que les Églises revendiquent comme leur apanage ? De plus, ne serait-ce pas réduire le Royaume de Dieu à la référence horizontale et immanente de l'humanisme ? On entend souvent ce reproche dans les milieux d'Église.

Je crois que le procès que font des gens d'Église à l'humanisme évangélique risque de renforcer le caractère autoréférentiel de l'institution et de la conforter dans son surplomb religieux hors champ du monde réel, de la culture moderne et des nouveaux questionnements des gens d'aujourd'hui. Mais n'est-il pas clair qu'il est actuellement impératif de réinterpréter les sources chrétiennes à la lumière des nouveaux signes des temps ?

Dans ce livre, j'ai montré de diverses façons qu'une certaine marginalisation des mystères de la création et de l'incarnation avait appauvri la dimension humaniste de l'Évangile et son inscription dans l'humanisme universel de toute la communauté humaine. Le christianisme, avec son idéal de communion universelle, ne détient pas le monopole de la fraternité humaine.

Il y manque bien du monde des cinq continents. Si elle refusait d'être partie prenante de la visée d'un humanisme universel qui la dépasse, l'Église risquerait de s'enfermer dans un communautarisme et une tentative illusoire de restaurer son autorité qui s'est un jour exercée sur toute une société.

Ne pouvant le faire au plan du pouvoir religieux, elle joue à fond la carte de sa morale qu'elle érige en vérité absolue de portée universelle. Cette réduction de l'Évangile à la morale fait perdre à l'Église sa crédibilité et sa capacité de s'insérer dans la recherche actuelle d'un humanisme universel en y apportant le trésor de crédibilité de l'humanisme évangélique. Il y a ici une incitation à consentir à s'exposer, comme Jésus de Nazareth l'a fait dans sa critique de la religion de son peuple et des pouvoirs religieux. Je me demande même si l'esprit laïc ne pourrait pas contribuer à sauver l'Église de sa fausse transcendance sur la condition humaine. Là aussi, il faut peut-être voir un autre signe des temps.

Les paraboles de Jésus de Nazareth étaient tirées de la vie courante de son temps. Pourquoi la vie courante profane, séculière, laïque d'aujourd'hui ne pourrait-elle pas être le lieu de nouveaux sens spirituels, précieux tout autant pour l'humanisme évangélique que pour un humanisme universel plus large dans l'aire terrestre ? Chacun des chapitres de cet ouvrage en donne des exemples inspirants.

L'Incarnation a donc été le commencement de l'humanisme chrétien.

Le christianisme a véhiculé au cours de son histoire un humanisme évangélique qui l'a conduit à faire alliance avec la rationalité grecque, à s'intéresser au sauvetage de la civilisation romaine, à l'éducation civique des « barbares », à l'instruction de la jeunesse, aux soins des malades et des mourants et à tant d'autres œuvres hautement humanitaires[64].

Certes, cet humanisme a connu bien des travers dans l'histoire. Il y a eu des esclavagistes chrétiens, des responsables d'inégalités sociales, des « croisés » violents. Mais il y a toujours eu aussi des chrétiens qui ont combattu ces graves dérives et laissé de multiples réalisations qui ont promu des valeurs humaines et sociales toujours actuelles. Ce ne sont pas seulement des personnalités exceptionnelles, mais des communautés entières d'hommes et de femmes qui se sont totalement consacrées aux besoins humains fondamentaux, particulièrement auprès des exclus de la société. Leurs institutions ont existé pendant des siècles. Comment ne pas voir dans leur engagement ce que nous appelons aujourd'hui la dimension laïque ?

Où en suis-je ?

En bout de piste de cet ouvrage, je veux faire état davantage de ce qui me préoccupe le plus, personnellement et spirituellement, dans les grands enjeux actuels.

---

64. MOINGT, Joseph. « Pour un humanisme évangélique », *Études*, octobre 2003, p. 49.

Tout se passe comme si j'étais habité par deux sentiments opposés : une froide colère et une chaude tendresse. Je pense que beaucoup de mes contemporains oscillent, comme moi, entre ces deux pôles.

C'est à partir de là que je vais terminer, par une relecture de la Bible et des évangiles autour de la colère de Dieu et de sa tendresse. Mais n'allons pas trop vite. Ma spiritualité séculière m'incite à commencer par explorer comment ces deux pôles sont en tension dans le contexte d'aujourd'hui.

D'entrée de jeu, je veux donner un exemple concret de ce paradoxe. Durant mon enfance dans les années 1930, mon père, ouvrier d'usine, revenait souvent en colère de son travail. Six jours sur sept, il était debout à 5 heures pour ne rentrer qu'à 18 h 30 et gagnait un salaire de crève-la-faim. Il faut dire qu'il n'y avait pas de syndicat dans son usine. De plus, il y a eu plusieurs périodes de chômage à cette époque. Cette situation ajoutait au drame identitaire qui définissait l'homme presque uniquement en termes de pourvoyeur. Bref, mon père avait la rage au cœur. C'était un homme humilié, « indigné », habité d'un profond sentiment d'injustice. Il y avait tout pour le rendre agressif et très frustré. Et pourtant, il était d'une tendresse incroyable avec nous ! Une tendresse marquée d'humanité, de délicatesse et d'attention. Advint dans ce temps-là une plus longue période de chômage. Mon père avait réussi à trouver un emploi dans une mine située à six kilomètres de chez nous. Il se levait à 4 heures du matin et se rendait à pied à la mine, puis il en revenait, toujours à pied, le soir à 19 heures. Une nuit, j'ai entendu mes parents pleurer dans leur chambre. Ils voulaient nous cacher leur peine.

Je ne résiste pas ici à faire un rapprochement avec Dieu qui, en Jésus de Nazareth, se sacrifie lui-même pour nous sauver.

Mais je reviens à ce temps-là qui a marqué une prise de conscience majeure dans mon existence. En retraçant mon long parcours, je me rends compte que j'ai navigué toute ma vie dans cette mouvance entre la colère et la tendresse. Dans ma petite tête de huit ans, je me disais déjà : « Moi, je vais me battre pour que ce malheur n'arrive plus. » Engagement acharné à l'extérieur et tendresse à l'intérieur.

Comment alors ne pas évoquer ici mes colères devant l'actualité brûlante avec ses nombreux et gigantesques problèmes de croissance des inégalités, y compris dans les pays les plus développés ! Et que dire aussi de la très grave dégradation de la nature et des assises de la vie sur les ruines desquelles on ne peut rien construire de durable, au grand dam des générations qui nous suivront ?

On me dira que nos colères ne peuvent y changer grand-chose. Je crois au contraire qu'elles peuvent nous rendre plus conscients, plus motivés, plus soucieux d'agir et de lutter, tout l'opposé de la résignation, du fatalisme, de la passivité. Le mouvement des « indignés » serait-il un signe avant-coureur de l'émergence d'une nouvelle conscience et de l'approche de changements majeurs dans le sens d'une plus grande justice, d'une solidarité et d'une fraternité nouvelles ? Quelque chose qui appellerait d'autres façons de vivre et d'agir ensemble ? Si c'était le cas, on ne pourrait dire qu'il s'agit d'un spirituel désengagé !

Non, le spirituel dont je parle, avec sa profondeur morale, ne peut se passer d'élans de colère et d'indignation, même de luttes nécessaires. S'il y a des colères mauvaises conseillères, il est d'autres colères porteuses de courage, de lucidité et de dignité.

Quitte à me répéter, je dis que des valeurs molles, une éducation molle et une conscience molle font des individus mous et un peuple mou. Ce constat, chez moi, monte d'un fond de colère irrépressible.

Mais, mais je me méfie des radicaux sans tendresse. Surtout de ceux qui ne supportent pas les personnes ou les groupes qui ne pensent pas comme eux, au point de les humilier et même de les rejeter. Je pense que les valeurs fortes et les valeurs tendres sont inséparables. Ces deux registres sont nécessaires à un sain humanisme.

Dans mon travail social et pastoral, j'ai appris que les blessés de la vie, de l'amour ou de la solitude se redressent quand on leur manifeste de la tendresse. La réhabilitation commence par là, de même la reprise en main.

La tendresse est plus que le repos de la passion. Elle touche les fibres les plus fines du corps et du cœur. Elle est de chair et d'âme. Il faut le redire, elle est une des composantes les plus précieuses de l'humanisation. Je n'oublierai jamais ce moment de grâce où, angoissé par plusieurs crises d'angine, j'ai été accueilli à l'hôpital par une infirmière qui a mis sa main chaude sur mon bras, avec un regard de tendresse apaisante.

Hélas! La tendresse est si peu présente dans les rapports des personnages des téléromans à la mode qui occupent tant de place et de temps dans la soirée. Quant aux appareils électroniques qui isolent et raréfient la présence physique, si importante pour l'expression de la tendresse, comment pourrait-on en attendre quelque chose à ce chapitre? Ils nous plongent dans un univers d'immédiateté et d'instantanéité, alors que la tendresse a besoin de temps.

Tout cela pour dire qu'on se rend trop peu compte de ces appauvrissements de la vie quotidienne, et qu'on perd le sens de l'âme qu'il faudrait y mettre. D'où l'importance d'une spiritualité.

Heureusement, j'observe présentement une gestation de nouveaux bouillons de culture spirituelle porteurs de nouvelles sensibilités. Par exemple, dans la quête de pratiques en plus grande harmonie avec la nature, accompagnée d'un regain des valeurs spirituelles. Phénomène étonnant dans un contexte de croissante sécularisation et laïcisation!

Une autre source de la spiritualité au quotidien vient du mouvement d'émancipation et de réappropriation, chez les chrétiens occidentaux, d'une foi plus personnelle et existentielle dans leur expérience de vie concrète[65].

---

65. Charles Taylor, dans son magnifique ouvrage *L'âge séculier* (Montréal, Boréal, 2011 et… 1344 pages!), fait état de cette position et l'inscrit dans les débats actuels sur la religion et sur les divers humanismes qui se disputent.

Mais ce nouveau spirituel est aussi habité par l'irrépressible besoin du cœur humain de s'ouvrir d'abord au plus intime au-delà de lui-même, pour donner ensuite une portée morale et spirituelle à l'altérité. Cette dernière peut donner accès à Dieu à la fois Autre et intime à soi.

Ce sont là les fondements spirituels de la tendresse et aussi de la colère. Mais, demandera le croyant, qu'en est-il de la colère de Dieu et la tendresse de Dieu dans la Bible ? Je ne peux échapper à la question en raison de ce qui spécifie ma spiritualité d'inspiration chrétienne.

Colère et tendresse de Dieu dans la Bible

Le croyant veut bien croire à une tendresse de Dieu, mais le visage que présente le Dieu de la Bible n'est-il pas souvent celui de la colère ? Il semble en effet porteur de deux sentiments qui se font la lutte : d'une part la colère et, de l'autre, la miséricorde-tendresse (*Is* 54,8ss ; *Ps* 30,6). Et si aussi bien l'une que l'autre révélaient à quel point ce Dieu a un attachement passionné à l'endroit de l'être humain ?

Dans la Bible, la colère de Dieu est d'abord dirigée contre une réalité religieuse, l'idolâtrie, par exemple, mais se porte ensuite et surtout contre les injustices humaines. Je l'ai déjà signalé, pratiquement tous les prophètes de la Bible ont fait état de ce passage du religieux au séculier. Il en va de même chez Jésus de Nazareth. L'Évangile du jugement dernier illustre cette colère de façon marquante.

Mais on peut observer un même déplacement au chapitre de la miséricorde et de la tendresse de Dieu : après les paroles de châtiment viennent celles de la tendresse de Dieu. Oui, « Yahvé est miséricordieux et bienveillant, lent à la colère et plein de fidélité. Il n'est pas toujours en procès et ne garde pas rancune indéfiniment. Il ne nous traite pas selon nos péchés, il ne nous rend pas selon nos fautes » (*Ps* 103,8-10. Voir aussi *Ex* 34,6 ; *Is* 48,9 ; *Jr* 3,12 ; *Os* 11,9).

Le Nouveau Testament souligne lui aussi le déplacement : la loi, sainte, « produit la colère », mais le dessein de Dieu est un dessein de miséricorde (*Rm* 9,3). Quelque chose a profondément changé avec la venue du Christ : c'est l'amour qui demeure vainqueur. Le laborieux itinéraire de l'homme qui cherche à découvrir l'amour derrière la colère s'achève dans la mort et la Résurrection du Christ. « De la malédiction à la bénédiction » (*Ga* 3,13-14).

Pour conclure

S'agit-il de mon Église, je répéterai encore et encore que sa santé, c'est le monde. Donc, vivement une spiritualité plus séculière pour mieux comprendre le meilleur de la culture et de la conscience moderne ! Après tout, « Dieu a tant aimé le monde, qu'il lui a envoyé son propre fils » (*Jn* 3,16).

Longtemps on a fait état des rapports du christianisme au monde. Le temps est venu de reconnaître ce que le monde laïque nous a apporté, car lui aussi a été et est encore travaillé par l'Esprit. Le nouveau centre de gravité est là. En Occident, des grands pans de l'univers religieux sont effondrés. Ce sont les laïques qui seront

les principaux transmetteurs de la foi, et les communautés chrétiennes qui se donneront leurs pasteurs. Ce qui nous arrive est
une grâce qui illustre parfaitement ce propos de Bonhœffer :
« l'Église est pour ceux qui ne sont pas en elle ».

Reste ce fait majeur que la société laïque et la condition laïque
deviennent le lieu commun des esprits aussi bien croyants que
des esprits humanistes. Dans cet ouvrage, j'ai fait le pari d'un
possible humanisme spirituel ouvert à tous, en toute liberté,
égalité et fraternité. La neutralité et la laïcité juridique et politique de l'État et des institutions civiles doivent certes être
affirmées et codifiées. Mais il leur faut une base, un fondement
spirituel qui a beaucoup à voir avec les requêtes et les bienfaits
d'un humanisme spirituel conjugué au pluriel des différentes
identités et appartenances, et toujours dans une dynamique
de renouvellement. Comme ce fut le cas dans les grandes traditions historiques au meilleur de notre humanité. Sans cela, une
laïcité univoque, purement juridique et étatique, risque d'être
bien pauvre culturellement et spirituellement.

Resurgit ici la forte pensée de saint Augustin, à savoir l'art de bien
moduler le présent de notre passé, le présent de notre aujourd'hui
et le présent de notre avenir. On ne saurait mieux dire le plus
beau et le plus vrai de notre culture moderne et une riche spiritualité laïque nourrie de tout l'humus humain terrestre, créative
de sens et ouverte sur des horizons que l'œil n'a pas encore vu.
L'Autre, quoi !

POSTFACE
UN POÈTE DE LA FOI

Une amie me demande ce que j'écris en ce moment. Une postface au plus récent livre de Jacques Grand'Maison. « C'est un "curé laïc", me dit-elle spontanément avec assurance. Un homme qui part du monde réel, qui sait où nous rejoindre dans nos vies, nous laïcs. Il a sa foi, il en témoigne mais ne cherche pas à l'imposer. Ce qui fait écho en moi, c'est plutôt sa posture humaniste. Il m'aide à réfléchir aux enjeux sociaux et humains d'aujourd'hui, et il me conduit sur la voie du dépassement de moi-même en me tirant à la fois vers le plus haut et le plus profond. Il réveille en moi, en nous, les meilleures valeurs humaines (ma mère disait chrétiennes), il nous entraîne à nous appuyer sur elles pour nous commettre en faveur du bien commun et contre l'exclusion sociale qui frappe ceux qui n'ont ni pouvoir, ni avoir, ni savoir, ou pas tellement. » Chère Pauline, en quelques mots tu en dis déjà beaucoup.

*

Au fil de sa vie, Jacques Grand'Maison a multiplié les livres. Et de lui comme du philosophe Gabriel Marcel, on peut soutenir qu'il n'a pas seulement édifié une œuvre, il l'a aussi creusée. Il a cheminé en reprenant sans cesse, pour l'approfondir, sa réflexion sur la société, l'Église, la foi.

Une réflexion enracinée dans le peuple canadien-français devenu québécois, et dans celui des ouvriers, des petits salariés dont le Québec de sa génération et de la suivante est issu. C'est pour cela qu'il n'a jamais pu accepter cette grossière caricature de notre histoire brossée il y a plus d'un demi-siècle et que certains persistent à ranimer sans cesse : image fausse et volontairement dévalorisante qui fait de nous avant 1960 un peuple ignorant replié sur lui-même et une société obscurantiste sous l'emprise du clergé. Jacques Grand'Maison ne regrette pas que nous nous soyons libérés de ce qui était étouffant dans notre héritage historique et religieux. Mais il nous rappelle aussi la longue durée de notre peuple, et il situe l'Église et la spiritualité catholique parmi les outils que nos ancêtres ont su se donner pour affronter les épreuves personnelles, collectives et nationales, nourrir leur résistance, leur résilience, leur espérance. Sans une vue informée et juste de notre histoire, nous sommes mal outillés pour nous bâtir un présent en commun et encore moins un avenir. Il nous en avertissait déjà en 1970 dans *Nationalisme et religion*, un grand livre qui clôt à sa façon une grande décennie sise au couchant d'une époque plus qu'au début d'une autre, on s'en aperçoit mieux de nos jours.

La réflexion de Grand'Maison est aussi enracinée dans le face-à-face constant, le dialogue ouvert avec des gens de chair et d'os rencontrés sur le terrain lors d'enquêtes sociologiques ou dans le ministère paroissial. Des gens écoutés pour vrai, de sorte que cet universitaire-prêtre, il l'a dit bien souvent, se sent relancé par eux dans la foi et dans la réflexion autant qu'il les relance lui-même. Partir du pays réel et des enjeux auxquels il est confronté, c'est cela ; et se relancer mutuellement, n'est-ce pas précisément ce que signifie le mot réfléchir ? La solidarité organique qui le lie à ses paroissiens et ses informateurs fait de Jacques Grand'Maison un intellectuel unique dans le Québec des récentes décennies.

*

La question de la transmission est au cœur de sa vie et de son œuvre. Transmission de la mémoire et de l'histoire, on en a parlé. Mais encore plus net apparaît son souci de la transmission des valeurs et des moyens d'accéder à la transcendance. Dans les années 1990 sont sortis ses ouvrages sur les générations : *Le drame spirituel des adolescents, Vers un nouveau conflit de générations, La part des aînés, Quand le jugement fout le camp.* À l'époque, j'étais une jeune mère qui faisais mon possible et j'avoue avoir été passablement bousculée par le propos de tous ces livres : personne alors ne semblait être assez un passeur. Mais j'ai compris plus tard que c'est par empathie pour cette classe des plus jeunes défavorisés dont il sentait le désarroi que Jacques Grand'Maison nous interpellait avec autant de vigueur. Il ne pouvait (il ne peut) supporter qu'on laisse des jeunes affronter la vie sans leur avoir donné un passé collectif, un héritage culturel, une tradition spirituelle ni leur offrir une solidarité active. La déculturation et l'anomie lui apparaissent comme les plus dévastatrices des pauvretés, car elles laissent sans ancrage, sans guides ni repères, et sans espérance. À sa façon, Grand'Maison a pavé la voie au docteur Julien : voilà deux hommes décidés à secouer l'indifférence et engagés sans compromis du côté des jeunes mal pris, deux hommes qui veulent promouvoir des communautés fortes où l'on fait attention les uns aux autres, deux hommes préoccupés d'inclusion, de partage, de justice, de fidélité longue précisément parce que ce sont sur de telles valeurs que les personnes et les sociétés peuvent transcender leur enfermement dans l'immédiat et fonder leur avenir.

*

Depuis quelques années, Jacques Grand'Maison propose un dialogue serré à ceux qu'il appelle « les esprits laïques ». Quelques-uns de ses livres, par exemple *Pour un nouvel humanisme* ou *Société laïque et christianisme*, s'adressent en quelque sorte d'abord à eux.

En nous conviant à un voyage au cœur même de l'évolution historique de la pensée chrétienne, ce grand vulgarisateur montre combien et en quoi le christianisme, comme humanisme mais aussi comme religion, est l'une des matrices essentielles de la culture occidentale ; il rappelle que c'est dans les pays de culture chrétienne que la laïcité a vu le jour, et des valeurs chrétiennes que sont issues celles de l'humanisme séculier. Alors que la marchandisation et l'instrumentalisation de l'être humain atteignent des sommets inégalés, que les sociétés se disloquent sous l'effet des inégalités croissantes et que la destruction de l'environnement s'accélère, il n'en revient pas que nous pourrions, comme peuple, sombrer dans l'inculture au point de nier toute pertinence à l'éclairage spirituel et humaniste de deux mille ans de christianisme et rejeter l'idée d'en faire un des socles de certaines de nos décisions collectives. Humanisme séculier et humanisme religieux devraient plutôt s'allier dans ce combat pour la protection de la terre, la défense du bien commun, la promotion de la dignité humaine.

De plus, Jacques Grand'Maison s'inquiète devant la montée du communautarisme. Mais alors que les laïcistes, pour contrer le phénomène, ne réclament rien de moins que l'éradication de toute référence chrétienne dans nos institutions et dans l'espace public ainsi que le cantonnement de toutes les religions à la sphère strictement privée, l'homme de culture et d'enracinement propose une autre voie pour favoriser « le vivre et agir ensemble » dans le contexte de notre société désormais sécularisée et pluraliste.

Aucun État démocratique, dit-il, nulle part au monde, n'est une structure désincarnée. Dans tous les pays, même la France laïque, l'État prend chair dans des institutions et des valeurs qui reflètent l'histoire, la culture, les projets de sociétés des nations réelles. Le nôtre doit évidemment défendre la liberté personnelle de religion et se doter d'une éthique sociale et d'un droit séculiers. Mais il doit aussi se reconnaître la responsabilité d'assumer la culture majoritaire et faire de celle-ci le fondement d'une véritable culture commune, y compris avec ses aspects de comportement moral et social hérités du catholicisme. Les chartes des droits, remarque-t-il, ne créent pas de lien social, il faut en plus une charte des valeurs communes incarnée dans la culture d'ici. Ces deux attitudes : égalité de traitement des citoyens et intégration à la culture nationale historique incluant son substrat religieux, doivent être défendues conjointement ; elles font partie du rôle de l'État au Québec comme ailleurs, et c'est seulement ainsi, affirme Jacques Grand'Maison, qu'on peut espérer parvenir à une réelle cohésion sociale et nationale à long terme tout en assurant au mieux l'avenir de notre peuple.

Ils sont trop rares, je crois, ceux qui refusent que notre État devienne amnésique et abstrait, ce qui serait le livrer tout simplement en pâture aux rapports de forces qui jouent précisément à l'heure actuelle en faveur du communautarisme.

*

Les plus beaux textes, ceux qui ne passeront pas, ceux qui atteignent à la fois au plus intime et à l'universel, ce sont néanmoins ses textes spirituels. De longs passages de *Réenchanter la vie*, presque tout du magnifique *Du jardin secret aux appels de la vie*, sa contribution dans l'ouvrage collectif *Itinéraires spirituels* ou encore le chapitre V, surtout le post-scriptum, de *Société laïque et christianisme*.

Jacques Grand'Maison y interpelle bien sûr l'Église institution, qu'il aime assez pour n'avoir cessé de lui réserver tant sa fidélité que sa critique. Pourquoi ce refus d'admettre que la parole des laïcs baptisés puisse être inspirée elle aussi ? Cette obstination à repousser l'égalité des femmes ? Cet acharnement à verrouiller une à une les portes que Vatican II avait ouvertes sur le monde, ses défis, ses espoirs ? Pourquoi une telle crispation ? Ce n'est pas la « bulle religieuse » dans laquelle certains croyants et pasteurs semblent se réfugier, analyse-t-il, qui donnera la soif de l'évangile. Et Jacques Grand'Maison d'inciter au contraire l'Église à s'ouvrir, à s'élancer, à se placer de nouveau, comme le Christ lui-même, « au départ des chemins », en route avec tous ceux qui font route.

Alors, en s'appuyant sur la grande accessibilité de son écriture et les ressources de sa poésie, et mobilisant sa culture, sa foi nourrie à celle des croyants de toutes les époques et de partout, ceux de Saint-Jérôme aussi, Jacques Grand'Maison tente lui-même ce qu'il leur demande de risquer : l'effort d'interpréter de nouveau les textes bibliques et évangéliques pour découvrir ce que ceux-ci ont à dire aujourd'hui. Bible et évangiles sont inépuisables, dit-il, ils sont multiples, ils sont déjà en eux-mêmes plusieurs inter-prétations. Leur vie, leur vitalité spirituelle sont indissociables du dialogue dans lequel nous entrons avec eux, des sens dont ils nous enrichissent et dont nous-mêmes les enrichissons. Partir de l'expérience concrète, car la spiritualité loge d'abord au sein même de chacune de nos vies. Partir aussi de nos propres inter-rogations de foi pour repenser l'héritage religieux reçu (moins souvent, désormais) et pour comprendre Dieu comme être libre qui a voulu les humains libres et nous propose une alliance gratuite et libre. Vivre encore de cette spiritualité chrétienne dont tant de générations ont vécu, lui insuffler une nouvelle vie, en garder ce qui peut convoquer à un surplus d'âme, un surplus d'humanité, à la fraternité, à la conscience que nous venons de plus loin que nous et allons plus loin que nous-mêmes. Revitaliser à même leur source sacrée valeurs chrétiennes et humanisme séculier, pour tenter d'éviter l'assèchement des unes comme de l'autre. Semer, et confier à l'Autre l'heure des fruits.

Au bout d'une vie tout entière tendue par la volonté de croire, celle de s'engager, celle de se dépasser, celle de réveiller, voilà le poète Grand'Maison davantage prêt à lâcher prise et à s'abandonner à la tendresse de Dieu. Lui aussi, comme Gaston Miron à la naissance de sa fille, symbole d'espérance dans la suite du monde, il peut désormais dire : « Je suis arrivé à ce qui commence. »

Lucia Ferretti

TABLE DES MATIÈRES

29   49   51   54   63   66   75

83-84-85-86 - 87-89 -90 - 91   94.95

118-119 - 120 -121 《croire》 ;
130 - 131 - 132 -
208 - 209
211 à